真实力

跑赢AI的
19个职场
技能

2030 未来の
ビジネススキル19

[日] 友村晋 著

孟兆洲 译

中国科学技术出版社

·北 京·

北京市版权局著作权合同登记 图字：01-2024-0366

图书在版编目（CIP）数据

真实力：跑赢 AI 的 19 个职场技能 /（日）友村晋著；
孟兆洲译 . -- 北京：中国科学技术出版社，2025. 8.
ISBN 978-7-5236-1488-4

Ⅰ . C913.2

中国国家版本馆 CIP 数据核字第 2025G82T29 号

策划编辑	王碧玉	责任编辑	安莎莎
封面设计	东合社	版式设计	蚂蚁设计
责任校对	张晓莉	责任印制	李晓霖

出 版	中国科学技术出版社
发 行	中国科学技术出版社有限公司
地 址	北京市海淀区中关村南大街 16 号
邮 编	100081
发行电话	010-62173865
传 真	010-62173081
网 址	http://www.cspbooks.com.cn

开 本	880mm×1230mm 1/32
字 数	142 千字
印 张	7
版 次	2025 年 8 月第 1 版
印 次	2025 年 8 月第 1 次印刷
印 刷	北京盛通印刷股份有限公司
书 号	ISBN 978-7-5236-1488-4
定 价	69.00 元

（凡购买本社图书，如有缺页、倒页、脱页者，本社销售中心负责调换）

自　序
为没有正确答案的未来而准备

"预测未来的最佳方法就是创造自己的未来。"

它出自个人计算机之父艾伦·凯（Alan Kay）之口，这是我非常喜欢的一句话。

以 ChatGPT 为代表的生成式人工智能（AI）一经推出，社会各界人士都对此感到震惊。有人说这将使各行各业焕发新的活力，并进一步提高生产效率；然而另一方面危机却悄然临近，人们似乎越来越强烈地意识到，会有更多上班族和创意工作者的工作被它抢走。在这样一个时代，我们今后该如何选择工作，该掌握哪些技能才能谋生呢？更多对未来抱有极大不安的职场人士对此感到焦虑。

本书旨在针对被此类问题困扰的人们。

书中总结了商业世界所需要的 19 个半永久性技能。无论今后 AI 或其他技术如何发展，这些技能都永远不会被取代。因此，阅读完本书后，你应该无须再去担心生成式 AI 或其他技术会抢走你的工作。

本书能让你摆脱对未来模糊不清的恐惧，了解从明天开始需要改变什么，让你消除焦虑的同时也看到提升自己价值的道路。

为什么我会如此肯定呢？

请允许我正式介绍一下自己。很高兴认识您，我是"未来学家"友村晋。

未来学家或许是一个您没有听过的职业，目前还没有准确的解释，因此通常被理解为"未来预测师"或"未来预想家"。

"未来学家"就是指那些通过预测科技和未来技术发展，在经营者身边为企业提出经营战略的"军师"。

同时，我还是一名油管（YouTube）博主，我在油管上的《2030 年未来预测》频道，发布讨论了一些有关未来技术、商业、育儿和教育的问题。

该频道现已拥有超过 14.8 万名订阅者（截至 2023 年 7 月 26 日）。在《2030 年未来预测》频道里，我每天都会收到很多人的留言，在这些留言中总有一件事让我很在意，那就是有许多人要求我，给出他们所谓的"正确答案"。

例如，他们会问：

取得这个资格证后，将来能赚钱吗？跳槽到这个行业后，我将来的职业发展会安全吗？对孩子会有什么好处呢？

我认为造成这种现象的原因，恐怕首先是人们对自己前途不明的焦虑，以及只教导学生寻找正确答案的学校教育带给人们的通病。许多人深信任何事只有一个正确答案，又希望有人能告诉自己这个答案。

毕竟这样自己就不必思考和烦恼了。

因此，这导致预测未来的书籍近年来成了一种潮流。这些预测不是算命占卜那样抽象的东西，而是学者们根据数据做出的分析。而其在某种程度上的合理性，让人们很容易认可他们的说法，所以这些书籍非常受欢迎。

然而，经济学家和统计学家通过现有数据预测的未来往往是悲观的，所以大多数人读完这些书籍可能会感到有些忧郁和沮丧。而且遗憾的是，作为职场人，即使阅读完这些书籍，也并不一定能帮你看清今后的道路。

原因很简单：未来根本就不存在"正确答案"。

我理解人们在社会中渴望寻求正确答案的那种心情。人们都在担心好不容易得到的工作和证书，突然有一天就被某些技术取代了，那所有费尽心思得来的一切都将付诸东流。所以，很多人都想知道确切的"正确答案"。

因此我想告诉大家，无论未来如何，我们都能有所作为，都有能力开辟属于自己的未来。

于是，我决定创作这本书。

虽然我说过没有"正确答案"，未来吃不上饭的可能性也很小，但我还是总结了一些"技能"。它们在未来可能不会失传，而且对于职场人来说用途无限广泛。所以，作为一名未来学家，我总结了19个在未来极不可能被技术所取代的技能。

这些技能，有些在社会上早有运用，而有些则很奇怪，乍一看可能还会让人不明所以。这是因为它们与现有的商务技能不同，这些技能是属于未来的，还没有正式的官方名称。有些技能的名字很奇怪，是为了创作此书我强迫自己起的，所以不要在意这些名称，我希望你能理解的重点是未来为什

么需要这些技能。

让我借用艾伦·凯先生的话，阅读本书，和我一起创造属于自己的光明未来吧！

本书将从以下几方面逐一介绍这些技能：

· 技能名称

· 技能定义（是一个怎样的技能）

· 需要的理由（未来为何需要这些技能）

· 掌握方法（掌握技能的方法以及掌握时应注意什么）

本书以技能名称为每小节的标题，无须按页码顺序浏览。你可以从自己感兴趣的部分开始读起，或只阅读自己所欠缺的技能。

当然，如果你愿意阅读所有文章我会非常高兴，但最起码的，应该争取学会 19 个技能中的 5 个，它可以是你想掌握的任意一个技能。只要能掌握哪怕其中 5 个，无论未来科学技术如何发展，你都不必担心会丢掉工作。

身为一名职场人，如果本书帮助你获得了不输于任何技术的个人价值，那我的计划就成功了。期待你能说出"原来如此，还有这一招！"。

请享受阅读本书带来的乐趣吧！

未来学家　友村晋

目　录

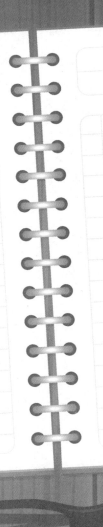

第一章

无法被 AI 替代的
"信息处理技能"

技能 **1** 一手信息收集能力

——通过亲身经历获取信息

技能定义　**通过亲身体验，调查和收集一手信息的能力**

现在社会上的大多信息，要么是参照网络，要么是参照可信度较低的谣言所创作的二手、三手信息，而一手信息是指通过亲身经历或可靠调查而获得的信息。

这种技能被称为"一手信息收集能力"。

需要的理由　**能够收集、处理一手信息的人，其市场价值会不断提高**

关键理由①　**生成式 AI 技术充斥着未来**

美国开放人工智能研究中心（OpenAI）的 ChatGPT 于 2022 年 11 月末发布，在仅仅两个月时间里，因活跃用户量超过 1 亿而成为热门话题，这是一种被称为"生成式 AI"的技术。它可以创作出与人类书写无异的自然语句，可以在多语言之间自由翻译，还可以为各种程序编程生成源代码。

这项新技术将如何改变未来呢？虽然有很多媒体报道称"作家和程序员的工作将被 AI 取代"，但我认为值得注意的是，与其说专业工作会被取代，不如说是 ChatGPT 等生成式 AI 让外行和新手更容易进入专业领域，让他们瞬间就能写出像模像样的文章。

然而，AI 所生成的文章，说得难听一点，不过是对社会已发布信息的高级拼凑。我认为越是在这种情况下，精心发布"一手信息"的人就越有价值。

举个例子，在化妆品领域里，所有制造商都在争相销售试用装，在网络上通过各种相关平台撰写文章介绍和推荐这些化妆品。平台创作者们虽然都在做美妆产品推荐，但是此类文章有了生成式 AI 就可以做到批量生产，转眼间 AI 生成的文章就会铺天盖地地涌出。

但是，宣传越是像这样铺天盖地，人们就越是会选择值得信任的信息。所以在当今社会，那些购买试用装并长时间实际使用、勤恳记录，孜孜不倦进行细致评价的人，他们的文章很受欢迎。

这是为什么呢？因为这些文章是根据他们的真实感受与体验撰写的，是值得信任的。在 AI 文章过剩的未来，人们将更倾向于阅读基于真实感受（一手信息）所创作的可信文章。

即便文章的内容不那么成熟，一篇身体力行的真实评价，也会比大量 AI 自动生成的文章更有分量。

关键理由② 生成式 AI 也将进军设计领域

生成式 AI 不仅擅长书写，现在也有可以创作图像的"稳定扩散"（Stable Diffusion）和"中途之旅"（Midjourney）。当你将描述图像的文字（如"星空下的泳池夜景"）输入此类软件后，它们所创造出的艺术图像，看起来将几乎跟专业人员绘制的一样。利用此类生成式 AI，就可以轻松地创造出新产品的包装设计方案。只要告诉它你想要的是什么，它就可以帮你自动生成图像，因此我认为，在不久的未来，擅长画画、熟练操作计算机动画（CG）等技术的价值将会有所下降。

但在这里，我想重点关注的是创作之前的"构思"。在为新产品进行包装设计时，怎样的设计会引起目标消费群体的购买欲望？怎样去思考设计与销售之间的关联性，然后进而塑造出一个具体的理念和产品形象？以上这些都是有必要去分析和考虑的。

因此我认为，知道什么样的构思更可能创造出热门商品，并且有过成功经验（一手信息）的人，他们的价值将会提升。

今后，社会上将充斥着大量的 AI 生成品，只要输入文字描述，AI 就能帮你生成好看的图像。越是生活在这样的时代，一手信息的提供者就会越重要。

关键理由③　即使花钱也想得到的一手信息

现在是一个以互联网为中心，社交网站、博客等网络平台上充斥着大量信息的时代。然而，现在快速膨胀的大量信息，多是由他人共享或因一手信息被引用、盗用（也就是所谓的抄袭）而增加的二手、三手信息。令人困惑的是，现如今，反而许多人把此类信息作为自己的一手信息进行传播。

所以在当今社会，除非发布一手信息或经原信息证实的二手信息，否则作为发布者是很难获得信任的。

相反，那些能够发布一手信息，以及明确表示发布的信息已证实的人，才能在信息泛滥的当今社会生存下来。

这一点，在我自己的日常工作中就可以体现出来。

在担任技术顾问期间，我的工作一直趋于稳定，我想这正是因为我在不断地发布一手信息。

例如，当我接受一家流通业客户的咨询，前往美国研究讨论最新话题"无人便利店"的实际情况。在西雅图的 Amazon Go（无人便利店品牌之一），我实际体验了整个购物过程。

如果同样是在介绍无人便利店，由亲身经历的我来解说整个购物过程，可信度和说服力就会大大提高。

所以，当我在油管网和讲座上分享我的经历时，大家都听得津津有味。

现在的二手信息随处可见，但是即便付出金钱，人们也希望得到友村（作者）亲身经历过的宝贵一手信息。因此，便利店行业今后将会如何发展？无人便利店在以后是否会普及？你想知道未来会怎样吗？那不妨去咨询一下亲身体验过未来便利店的友村。

就像这样，即使今后的二手信息再多，拥有一手信息的人的价值也会更高。

关键理由④ 能充满自信、身临其境地说话

要使自己提供的信息具有说服力，你需要参考可靠的权威信息，但真正有说服力的信息在网络上却很少出现。

例如，我还通过油管频道提供引流咨询。事实上，如果在谷歌搜索"油管网引流"，你会发现从事同样工作的公司比比皆是。

当然我们并没有调查这些所有的公司，但在这些公司提供的咨询业务中，我们看到的更多的是教你如何寻找关键词、对相关市场规模的预测、成功吸引用户的视频时长，以及如何剪辑等。无论哪一方面，都只是总结了一些公开的技术要领，并没有很强的说服力。

为什么这些说法都无法令人信服呢？我认为是因为这些公司的咨询顾问自己都没有发布或运营过油管频道。而且，此类公司的咨询费据说每月只需要 3 万~5 万日元 ❶ 不等，因为他们的服务

---

❶ 100 日元约等于 5.0 元人民币（按 2025 年 7 月初汇率换算）。——编者注

内容仅仅是"代替客户在网络上调查",所以价格相对便宜。

我的咨询费比他们高出了 10 倍以上,但我仍保持着大量的业务往来。

收取这些费用的依据是拥有超过 14 万订阅者的我,是一名在职油管网创作者。也就是说,因为我有怎样增加频道订阅者(引流)的真实经验(一手信息),所以我提供的信息真实可信度非常高。

- 在订阅者达到 1000 之前,需要这样的内容。
- 当达到 1 万人时应该改变哪些内容。
- 剪辑视频时,不必要的"嗯""啊"等语气词,如果不剪掉,观众或许就会因此离开。
- 开头的地方需要说些什么才能把观众留到最后。

这些只是在客户咨询中讲到的一些例子。我每天都在自己的频道里不断摸索反复试验,所以早就明白了这种感觉。

正因如此,我才能充满自信、如身临其境般地发表看法。

这也正是依靠一手信息才会有的说话技巧。

关键理由⑤ 公司更容易听取你的意见

我们讲过作为一手信息的拥有者,在发言时那种身临其境的自信会更加强烈。而一手信息的作用远不止于此,它能赋予信息发布者说话的权威感,让你所发布的信息具有强大的"说服力"。

打个比方,介绍一件我亲身经历的事。

提到恒河, 一些人脑海里首先想到的是漂浮着的动物尸体以及在尸体旁洗澡的人。许多创作者 (如网络作家) 引用这些网络图片和文章, 写出了 "恒河里的水充满危险" 诸如此类的文章。

这些人只是盲目地参考了别人的报道, 因此他们无法深入了解并提供真实情报。而这些文章的读者也只是认为: "哦, 原来如此, 有细菌吧, 可能会很脏。"

因此, 当我前往印度时, 直接询问了正在洗澡的印度人 "身为日本人的我如果下水游泳会怎样"。他告诉我: "我们每天都在这里洗澡, 所以对恒河的细菌有了抵抗力, 但是在这里游泳依然很危险。更何况是对这条河里的细菌没有抵抗力的日本人, 这是绝对不可以的!"

由于年轻气盛, 我不顾劝阻地下水游了一圈。结果是我浑身起满了非常严重的湿疹, 回国后又不得不马上去了一趟医院。因此, 当谈论到恒河的脏乱时, 掌握一手信息的我就可以身临其境地描述, 并具有了强大的说服力。

结果, 听闻我经历的人, 就好像自己的身体也产生了异常, 真的能够体会到那种身临其境的真实感。

这就是一手信息的 "说服力", 这种力量对工作至关重要。

再举个例子, 我最喜欢的喜剧小品组合 "东京 03" 有个表演桥段叫作 "相同意见"。

此小品讲述了在某公司的销售部门里, 一名普通员工提出了一项促销建议, 但因 "想法肤浅" 立即遭到了主任的强

烈反对。然而，当中途发言的部长（主任的上司）提出完全相同的想法时，刚才彻底否决此项建议的主任，这次却判若两人般称赞道："太厉害了！"

当认为此事不合理的员工表达对主任的不满时，"就算同样的意见，普通员工突发奇想说出来，和有经验有业绩的人说出来，在人们心中分量是不一样的！"主任理直气壮的解释让这名员工不知所措。

虽然这个桥段作为喜剧小品增加了许多情节，但这也正是现实社会中会发生的真实事情。

再接下来，我将直截了当地告诉你，掌握了一手信息的职场人有多大的影响力。

现在，有许多人是团队工作模式，无论该成员在公司内还是公司外，只需一人就能完成的工作还是少数。大部分工作虽然内容不同，但都不同程度地涉及他人。所以为了完成工作，互相理解、互相传递自己的想法和所持信息都很重要。

这时，拥有具有说服力的一手信息，在坚持自己的主张方面，可以发挥巨大的作用。

掌握方法　　试着质疑你收到的信息

方法① 怀疑信息

锻炼一手信息收集能力的第一步，是要怀疑网络上的新闻和社交网站上的信息。

"是大型新闻网站发布的新闻！""是我喜欢的网络红人发出的情报！"请先不要盲目相信这些信息，学会试着怀疑，这样才能提高一手信息的收集能力。

为什么这么说呢，原因在于：①试着怀疑→②接着去寻找真实的情报（或者亲自去体验经历）。这些动作自然而然就形成了习惯，在你的潜意识里自己就能分辨出信息的真伪，这样以后就不会再被假信息迷惑了。

说到假新闻，2016 年日本熊本市发生地震时，有狮子从动物园逃跑的消息在社交网站上传播后引起了轩然大波，狮子在街上行走的照片也吓坏了很多人。

但我很快就明白这或许是假的，我在社交网站看到消息后马上意识到："哦，这是骗人的。"

原因很简单，虽然消息称有狮子在街道上行走，但除了最开始的那张照片，后面就再也没有新的照片出现了。现在大家都有手机，能在家中、车里以及商店等地方进行拍摄，但自从第一张照片发布后，就再也没有过任何关于狮子出现在街道上的照片和视频发布了。

不觉得这太不自然了吗？

因为根本就没有狮子。也就是说，第一张也就是最后一张照片，是合成的。但当时，那篇发帖被转发超过 1 万次，听说熊本市动物园因此竟接到了 100 多个电话。在此事件中，家住神奈川县的一名男性公司职员被熊本县警方逮捕。他是日

本第一例因在灾害期间发布假新闻妨碍公共安全被逮捕的人。

在检测照片的真伪时，大多数人会关注照片的处理细节。比如裁剪是否粗糙，阴影方向是否矛盾等。但是，即使不去关注这些，只需要去确定是否出现了第二张类似的照片，就能断定此事的真伪。

也就是说，根本不需要去看照片和视频的处理程度，只要能根据这些信息联想到其他地方会发生怎样的情况，有没有出现第二张类似的照片，你就能马上意识到这是真是假。

方法② 亲身经历

那么，该如何进一步掌握一手信息的收集能力呢？我想最有效的方法就是"亲身经历"。

可以这么说：

一手信息的收集能力 = 用自己的五感去体验。

这意味着你不是通过网络，而是通过自己的五感（触觉、味觉、嗅觉、听觉、视觉）来感受的。

说到这儿，我仿佛听见大家在说"话虽如此，我们也不可能什么都自己经历吧"。说得很对，身体力行地前往比如国外之类的遥远地方，大多情况下会由于金钱、时间、健康等原因很难实现。

所以如果遇到不能亲身经历的情况，那就要养成确认可靠信息来源的习惯。

例如，如果要制作一份有关犯罪的报告，就可以参考国家公安厅发布的统计数据；如果要发布有关经济趋势的信息，就可以去确认该信息是否有商务部发布的统计数据作为支撑。

这些能够代替实际体验得来的信息，包括权威官方机构所公开的材料，专业机构（国家研究机构、学术团体、民间研究机构、调查机构、媒体机构等）公开的报告或者公司的新闻稿。

也就是说，这些信息都是官方机构发布的，是政府发布的！如果需要参考这些信息，请尽可能确保信息来源的可靠！

掌握一手信息收集能力时需要注意的问题

在构思和创作的初期阶段，使用博客或社交网站上的二手信息作为灵感倒也无妨。但以它们作为信息来源时，一定要明确表示这些信息已从上述权威机构处证实，否则将不会被他人信任。

书籍也是非常棒的信息来源。但是并非所有书籍都可以，它必须由可靠权威作者所撰写。

那些没有意识到一手信息重要性的人，很容易就被他们第一眼看到的东西左右。为了避免陷入这种无法思考的状态，养成寻找一手信息的习惯很重要。

在阅读由网络作家创作的文章时，请带着"是由认真采访过的记者所写吗？""是由专家讲解的吗？"此类疑问阅读，并一定确保他正确地引用了正确信息。

技能 2 发现问题的能力

——发现问题，而非解决问题

⚙ 技能定义 　**社会需求正在从解决问题转变为发现问题**

一直以来，学生和职场人都把"解决问题的能力"视为一项重要技能。无论何时人们都在说："要掌握解决问题的能力。"

"我可以解决问题"这句话听起来确实响亮，这也是它能吸引如此多关注的原因。所以，众多管理团队或优秀销售人员都对能拥有此能力津津乐道。但是对未来而言，更重要的是发现问题的能力，而不是解决问题的能力。

换句话说，就是可以提出"为什么"的能力。

👆 需要的理由　发现问题的能力会带来全新的业务

关键理由① 人负责发现问题，科技负责解决问题

以往我们发现问题时，所有人都会齐心协力去处理问题。但在将来，AI 技术就可以解决大部分此类工作。

有了 ChatGPT 等生成式 AI，只需要输入问题，AI 就会给出你解决问题的选项，而且反应十分迅速。

举个例子，它就是被商界称为 RPA 的技术。RPA 是机器人流程自动化（robotic process automation）的英文缩写，这是一种由机器人学习，并自动处理以往需要人工操作才能完成的工作的计算机技术。例如自动执行在表格中记录考勤，然后将其汇总并用于工资结算，或是统计销售部门的销售额并生成报告等。

再举个实际的例子，第一生命保险公司在办公室的一角摆放着几台电脑，但人们无法接触它们。当你看到这些电脑的显示器时，会发现表格等软件在被计算机自动操作并处理着工作。

这些以前需要人工完成的业务，现在由计算机内的软件记录并处理。通过引进这款机器人流程自动化程序，第一生命保险公司宣布："本公司每年已让计算机完成超过 15 万 7000 小时的工作。"

不仅是简单的日常工作可以实现自动化，借助微软公司的 AI 协同软件 CoPilot，制作演示文稿等富有创意性的工作也可以实现自动化。

真实力
跑赢 AI 的 19 个职场技能

例如，输入"将这篇文章转换为 5 张 PPT 文稿，设计类型用于内部演示，文字稍大一些，多使用一些图片"指令。该软件瞬间就能生成一份演示幻灯片，这只是它众多功能的一部分。因此，一直没有实现工作自动化的白领阶层，他的日常也已经开始转变了。

这样的技术已经可以帮助我们解决大部分问题了，所以我认为，留给人类的工作就是发现问题。

为什么这么说呢？因为 AI 不会问"为什么"。它们能瞬间解决你给出的问题，但它们无法找到自身的问题，更不会去思考"这对人类来说很麻烦吧！好想为社会的发展做出更多贡献"等话题。

比如美国零售业巨头沃尔玛公司，就引入了一种名为"灵活定价"的技术，此技术可以解决滞销商品的处理问题。此技术利用 AI，根据当天的天气、库存量，结合过去的销售数据等，推算出每种商品的最优价格并自动更新实时售价。

这样的价格调整，以往都是由经验丰富的工作人员凭直觉人工完成的。

但是，AI 本身并不会觉得"这个工作我好像比人类更擅长，就由我来做吧"，而人类则会发觉"使用这种自动化程序可以更好地解决滞销商品的改价问题"。所以，发现了问题，才能选择解决问题的方法。这意味着，人类发现问题（如何更多地减少浪费），而科技解决问题（实时更改卖出的价格）。

这是一场精彩的团队合作。

　　另外，日本职业足球甲级联赛的多支球队也引入了一套系统，他们通过 AI 来优化票价，以减少门票滞销。❶

　　这也是人类发现问题后而产生的技术。

　　正如我一再说的，AI 不会去想"我想让球场都坐满观众"这种事，它只会为这样想的人类提供技术支持。比如你能想到"我们能为交通拥堵做点什么吗"等此类问题，剩下的就可以交给 AI 了。

　　例如使用传感器来监测道路上的交通流量，让 AI 实时调整信号灯的切换时间，这样我们就可以尽可能地减少道路拥堵。

　　也就是说人类和科技分工合作，人类专注于发现问题，而技术负责解决问题。

　　目前，可以用于计算交通拥堵等任务的量子计算机非常昂贵，但随着技术的普及和价格的下降，我们可以解决问题的能力将进一步提高，因此人们会越来越专注于发现问题。

关键理由② 能开发新业务的人永远不会饿肚子

　　大部分企业通过反复地发现问题、解决问题收取劳动报酬，并建立起以此为本的经济活动。

　　正如前面提到的，随着技术的发展，解决问题会变得越来越容易。也就是说，今后在大部分场合下人们都会被告知："你已经不必为解决问题而这么辛苦了。"

---

❶ 《日刊体育》:《札幌引进 AI 试验浮动式票价》。

说到这儿，如果你是一个很有悟性的人，就不难发现"问题的发现能力"就是另一种能开发新业务的能力。

在新冠疫情灾难中，我作为技术顾问所看到的是绝大多数客户的业务都在这场疫情中受到了影响。有的公司只是略受影响，而有的则是大受打击。

因此，我们必须在开发新业务中寻找出路，但大家似乎又都想不出好主意。很多人可以从 1 变成 10 甚至变成 100，但无法从 0 变成 1，因为绝大多数的公司都缺乏发现问题的能力。也就是说，我们已经意识到无论今后会怎样，各个企业都需要有这种能发现问题的人才。

发现问题的能力不仅仅是开发新业务的能力，也是能提供产品和服务的能力。

电器制造商戴森（dyson）开发的"无叶风扇"就是因为发现问题而诞生的热门产品。电风扇如今已问世 100 余年，但自问世以来，就只出现过带有叶片的产品。所以风扇自诞生之初，就存在潜在问题。比如儿童不小心会把手指伸进风扇，这就会有很大的安全隐患，而且风扇的叶片经常布满灰尘和污垢。

但是，没有人去关注这个问题。

也就是说，人们不再考虑叶片设计的问题，而是把注意力放到了"不要把手指伸进去就好""脏了擦一下就好"上，就这样，人们慢慢维持现状，也停止了思考。

虽然这些并不是普通人该考虑的问题，但全世界从事风扇开发工作的人员有许多，他们同样没有关心这个问题。

戴森的研发人员却发现了其中存在的问题，于是，无叶风扇诞生了。

在所有行业和市场都被认定已经饱和的时代，像这样能够发现问题的人才是非常宝贵的，他们是可以为企业创造突破口的人。

📑 掌握方法　　如果遇到了问题，也许是个好机会

掌握发现问题能力的方法有三种。

方法① 考虑建立一个系统，防止问题的再次发生

工作中难免会遇到问题，遇到问题就要解决问题，所以这是一个必然的行为。因此许多职场人在工作学习的过程中，一定会掌握解决问题的能力。

但是，许多人在掌握了解决问题的能力之后就会选择止步不前。现在，当我们解决完一个问题后，更要学会如何找到更多的问题，而不是就此止步。

这是掌握发现问题能力的第一个方法。

通过思考问题产生的原因，你不仅会看到眼前的一切，还可以展望自己的未来。

例如在公司，一位客户抱怨你的下属在服务时态度很差。那么，你作为上司就要陪同下属向顾客道歉，然后待事情解决以后你一定会再三嘱咐下属，今后要注意服务态度。但如

果事情就这样结束的话，那也只是治标不治本。

你要以"为什么会发生这种事"为原因找出根本问题，这才是作为管理人员的责任。

因此，我们应该研究具体原因，防止同样的情况再次发生。

例如，我们可以考虑以下原因和方法。

原因：他的服务态度平时并没有问题，只是那天心情可能不太好。

方法：了解具体原因，与下属产生情感上的共鸣，热诚地告诉他自己过去也犯过同样的错误，这对自己造成了许多损失。

原因：他的服务态度平时就不太好。

方法：接受职业培训（但要确保他们首先了解服务和客户的重要性，因为片面的培训往往是徒劳的）。

原因：可能他原本就不适合接待客人。

方法：安排新的岗位，让他去做一些不涉及接待客户的工作。

原因：工作量超过了其个人承受范围。

方法：减少工作量，让他有更多的时间完成现有工作。

此建议不仅适用于商务场合，也可以在私人场合中使用。比如夫妻之间或家庭发生纠纷时，不仅要解决问题，更要去思考如何防止问题的再次发生。

这样，你就养成了发现问题的习惯。

方法② 把自己当成经营者来考虑问题

我建议大家去电影院时以影院经营者的视角，去度假时以酒店经营者的视角，去吃饭时以餐厅经营者的视角，去思考如何让顾客满意，如何能让店铺比现在更火爆。

就我而言，由于职业病的原因，我在私人场合也会下意识地去思考如何提高某店铺销售额的对策。

比如，当我在旅行中入住了一家温泉酒店，虽然泡完之后觉得很舒服，但发现客人似乎很少，那么我就会去想，为什么客人会这么少呢？怎样才能让酒店把房间都预定出去呢？还有在饭店吃饭时，我也会问自己，店里有这么好吃的菜，为什么没有坐满人呢？怎样才能让这家店也开始排队呢？

我早上上班途中经常光顾一家咖啡店，那里来的都是常客。

大家都习惯那段时间在咖啡店度过，尽管如此，店里的座位还是很空。

于是我就想，既然很多顾客都习惯早上来咖啡店，那么每月支付 5000~6000 日元，可以从营业起至上午 10 点实行无限续杯制。

如果有了这种套餐服务，到时候店里一定会座无虚席吧。

方法③ 不要错过感到麻烦的瞬间

在做某项工作或者办理手续时，如果你感觉到了"麻烦",那或许就可以试着怀疑此过程是不是应该得到改善,或者说这个过程到底有没有存在的必要。

在此过程中你就有可能发现事情存在的问题。

或许这项工作和过程可以更有效率地完成,或许你还会发现那些形同虚设、毫无意义的工作和程序,只是作为习惯被保留了下来而已。

"麻烦"本来就是一种消极的情绪,所以上司和前辈可能会对你说:"不要觉得麻烦,好好干!不要小看你的工作!因为一直以来都是这样。"

"麻烦"中很可能隐藏着发现问题的机会。

因此,不要把"麻烦"只当作一种消极的情绪,而是应该转换为积极的态度去考虑其中可能隐藏的问题。

学习并掌握以上 3 个方法,就能提高你发现问题的能力。

掌握发现问题能力时需要注意的问题

要锻炼发现问题的能力,就要养成常问自己"为什么"的习惯,这点请牢记在心。

这种习惯分为两个阶段,学会思考"为什么"的阶段,和面对疑问不依赖网络,先自己建立假设的阶段。

能全部做到"5 个为什么分析法"的人少之又少。

我举个例子。

印度尼西亚政府宣布了将首都从爪哇岛的雅加达迁

往加里曼丹岛的努桑塔拉的计划。据说迁移的理由是地表下沉和政权集中等地理和政治方面的问题。雅加达约 60% 的城市面积都在海拔零米以下，所以有专家认为，照这样发展下去，雅加达将在 2050 年被海水淹没。

目前，日本新闻也报道了关于印度尼西亚迁都的原因，大家也知道了为什么迁都（这是第一次为什么）。许多人从新闻中了解到首都的迁移及其原因，并且很高兴自己的学识又增加了。

但是，如果让事情就此结束，你就无法真正掌握发现问题的能力。

也就是关于第二次"为什么"。从这里开始，用自己的头脑思考一下。地表下沉这点是可以理解的，但另一个被认为是"政权集中"的原因是什么呢？

是各方面都太过密集了吗？

印度尼西亚曾经发生过恐怖分子制造的炸弹袭击，所以政府是想把部分设施放在其他岛屿上来分散风险吗？

如果你的脑海里也出现了诸如此类的想法，那你就做到了第二次"为什么"。

只要能养成这种习惯，你就能慢慢看清事物的本质。通过思考，你甚至可以在网站上详细回答各种问题。

所以，最重要的是不要马上去网上寻找答案，而是先问自己两次"为什么"。

技能3 学会拒绝推荐

——敢于提出拒绝，说"我不需要"

⚙ 技能定义　　拒绝 AI 的直接推荐

当你在使用电脑和手机的时候，各式应用程序和网站会向你推送各种商品和信息。这是 AI 根据你的购买记录和浏览记录，以及属性（年龄、性别、居住地区）等自动分析出的商品或信息。数据向你推荐这些商品，你此时购买的概率会非常高。

典型的例子就是亚马逊（Amazon）的"经常选择一起购买的商品"和网飞（Netflix）的"向你推荐"功能。

这些系统被称为推荐功能。对于此功能推荐的商品或服务，请不要盲目地选择或购买，而是应该冷静地进行思考。

如果你能做到"现在的我不需要这些东西"，那这就是所谓的"拒绝推荐的能力。"

👆 需要的理由 　会降低人类思考的本能

关键理由① 社会上到处都是推荐广告，它们剥夺了我们的金钱、时间、精力

随着传统广告（报纸、电视、传单、网页等广告）的宣传效果不断下降，我们可以预见在未来，社会上将充斥着各种大数据个性化推荐。

不仅仅是电脑和手机。未来或许会有一种全新的数字标牌广告设备，它在车站、商店、街角等地持续显示广告，未来，该装置会通过摄像头分析附近路人的属性（推测年龄、性别、服装、体格等）来向他们推送最佳广告。

作为一个企业来说，为了保证持续的营业额，如何留住客户并签订各种合同显得尤为重要。

为此，充分利用推荐功能让顾客打开钱包的机会越来越多。

你可能已经习惯了这种推荐，使用推荐功能的不仅仅是电商网站的产品。无论是新闻报道、"油管"网视频，还是亚马逊视频（Prime Video）、网飞等网站，都会有个性化的定制内容推荐给你。

另外，在实体店里，服装店和眼镜店也可以进行虚拟试穿和虚拟搭配，AI 会推荐适合你的衣服或适合你脸型、发型的眼镜。

或者，只需用手机拍摄冰箱里的画面，软件就能识别到

里面的食材，并根据这些食材为您推荐菜谱。

所以以后就没什么好烦恼的了，跟着这些建议去做，一切都会很轻松。

在不久前，只有大型企业才有能力开发和安装这些功能，但现在，每月 5 万日元左右就可以租借到带有推荐功能的引擎。这种设备的租金或许在未来几年内就会减少到每月 1 万或数千日元以下。

所以今后，无论企业的规模如何，都有机会使用此功能。

也就是说，未来的商业活动，不仅仅是争夺消费者有限的支出，更是争夺消费者的时间和心理。

通过推荐功能，消费者可以节省寻找商品或服务所花费的时间和精力。

所以综上所述，结果就是它们会剥夺你自己寻找和选择的能力，还会面临三大问题（金钱、时间、精力上的消耗）。

关键理由② 眼界狭窄，思维偏颇

有一个词叫"回声室"（echo chamber）。"回声室"是一种环境现象。它指在社交网络上，拥有相似想法、知识和感受的人成为好朋友聚在一起互相发言，仿佛他们自己的想法和知识就是社会的主流。

"网上大家都这么说。"

看到这句话，你有想到些什么吗？

这样的最终结果，给我们带来的只有眼界变得狭窄，思想产生偏差。

教育学家斋藤孝先生说过这样一句话："修养就是指能和自己专业以外的人愉快地对话。"

磨炼自己的专长固然重要，但工作和社会是由各种各样的人组成的，不知道自己专业以外的东西是不行的。

你手机上的那些推荐内容，都是 AI 随意收集的你可能感兴趣的信息。如果总是接触这些信息，你就有可能在不知不觉中陷入"回声室现象"。

关键理由③ 思考能力下降

与技术共存是一个重要的主题。如果你想享受科技带来的好处，那就需要一些技能。关于推荐功能，需要你给自己定一条底线，要能够做到回答"不必了"。如果不这样做，那当自己在调查、寻找或是做选择时，所需要的思考能力就会不断退化。这就像不运动肌肉会衰退，总使用导航就很难记住地图一样。

但你不必拒绝所有的推荐，请善加利用它们。

比如我在亚马逊买书的时候，当看到"经常选择一起购买的商品""与此商品相关的商品""推荐的书"时，发现某些标签是非常有用的。在书店我没有注意到的书，现在确确实实在我需要的地方显示了出来。

因此，推荐功能对我来说确实在可以接受的范围内，所以还是请善加利用它们。

但另一方面，当我在眼镜店选择虚拟试戴眼镜时，我看到 AI 显示"这副眼镜与你的匹配程度为 80%"。

我意识到这反而是一个大麻烦。

就算有科技来帮我判断，但挑选眼镜这种事不根据自己的品位和喜好来选怎么能行？一旦接受了这样的推荐，我害怕自己的感知力和判断力会越来越差。

如果没有一个自己的标准来划分界限，就会变得什么都依赖推荐功能，思考能力自然会下降。

比如 AI 会根据冰箱里的食材告诉你"这些食材可以做几人份的菜"，如果你开始依赖这些功能，慢慢地你连做饭的能力都会下降。

另外，当你试着询问亚马逊的智能语音助手亚历克萨（Alexa）"今天天气如何"时，亚历克萨能从对话中察觉到你的嗓子好像不太舒服，从而向你询问是否需要购买一些润喉糖。

虽然此功能已经获得了专利，但如果你的生活中一直开启着这样的功能，甚至连判断身体状况的好坏都要依赖 AI，这将是一件非常可怕的事情。

因为这会导致原本可以靠自身来掌握身体状况的生存本能都将会退化。

不过，这样的技术也需要区别对待。比如 AI 可以用于帮助冷热反应迟钝和经常忘记喝水的老年人，提醒他们预防中暑或注意自己的饮水时间。

我认为这些功能都是非常棒的。

所以，你需要根据自身情况来判断哪些推荐内容是在自己允许范围内的。

关键理由④ 自我恢复能力降低

随着推荐功能精确度的提高，人们购物失败（迷茫）的经历也会减少。因为买东西很少会出错了，所以大家的整个购物体验也变好了。

但随着错误的减少，反思和重新振作的机会自然也会减少。

结果就是，我们会失去锻炼自我恢复能力的机会。有关自我恢复的技能会作为本书第 10 个技能来详细解释，现在简单解释来说就是"从失败中振作起来的力量"。

如果自身的恢复能力低下，我们在工作遭遇失败时就会变得一蹶不振，无法再振作起来，也就无法产生"无论如何也要坚持到底""无论如何也要解决"等决不放弃的欲望。

而最让人害怕的就是个人求生欲的衰落，"生存"就是"幸存"。

这是一场幸存者的游戏。

当人类的求生欲提高时，大脑会进行更多思考，因为这和人类的生存本能直接相关。一旦失去自我恢复能力，我们就无法从失败和错误中恢复过来，渐渐变得自暴自弃，甚至失去生存的希望。

说到"生存",我想举一个关于自己的例子。

我曾携带着帐篷和睡袋,骑着普通自行车从东京出发前往自己的老家广岛县吴市。事先声明,这并不是任何惩罚游戏,纯粹只是因为我想试一试。

虽然记忆已经有些模糊了,但我隐约还记得这一路一共耗时 13 天 13 晚左右,而且我并没有刻意选择最佳路线。途中从名古屋到岐阜县白川乡,再到石川县兼六园,最后通过京都舞鹤到兵库县的姬路,从那里再一路向西,直到抵达广岛。

途中我也不是单纯地骑车赶路这么简单,而是把如何在不花钱的情况下顺利到达目的地作为目标。

这一路上,当我抵达岐阜山路时已是半夜,而车子又在附近没人的情况下爆了胎。当时我环顾四周,发现根本没有一户民宅。

我心想这可不妙!

其实在此之前,我也经历过几次爆胎,但那都是在附近有民宅可以借用水桶和自来水的情况下,通过其他人的帮助,我一边找出漏气的位置一边着手修理轮胎。

但现在是在连一户民宅都没有的夜晚深山里,这可真是太糟了。

遇到这样的危机,我们的大脑一定会飞速运转,为了确定爆胎的地方,我需要装水的容器。

我想,在远离人烟的大山里,是最适合非法丢弃垃圾的。

就这么想着想着找了又找,我果然找到了一些被非法丢弃的垃圾，找到了一个 2 升大小的塑料瓶，我当时心想这个一定可以利用起来。我把捡到的塑料瓶用随身携带的小刀纵向切开，制作了一个可以装水的容器。当时我不顾一切拼命在夜晚的山里四处寻找溪水，所幸在我找到前并没有遇到任何危险。在容器里装满水后，我回到了自行车旁。借助手电筒的光线，我找到了漏气的地方，也终于修好了轮胎。

当遇到危机时，人的大脑确实会飞速运转。

这种经历与到处充满"推荐"的生活完全相反。它需要你从头到尾都汗流浃背地不断摸索。

这种无法借助科技的帮助所带来的强烈不便感，却使人具有顽强的恢复能力。

掌握方法　　**拒绝数字情报，接受纸质信息**

要想掌握拒绝推荐的能力，有两个方法。

方法①　**计划一些日期，进行"数字排毒"**

有一家名为雪峰（Snow Peak）的户外用品公司。该公司提出的企业理念之一就是"通过大自然的力量，恢复因文明而丧失的人性"。

作为一名未来学家，我觉得这种理念在未来数字社会中，将越来越能引起人们的共鸣。也就是说，人们为了防备新冠疫情造成的"三密（密闭、密集、密切接触）"而掀起的露营

热潮，并不是一时性的，未来一定还会继续火热。

定期到没有网络的自然环境中进行"数字排毒"，用你的五官去感受自然，实实在在地度过这快乐的时光，享受着没有科技带来的诸多不便，试着恢复缺失的人性（这里所说的人性，是指不依赖数码设备，仅靠自己的五感来磨炼感性的能力）。

如果你很难实现定期前往自然环境中生活，那就尝试下不带手机的生活吧。注意，这里不是指把手机打开静音后带在身边，也不是开启飞行模式切断信号，而是彻底把手机放在家中。

在国外，有一家非常有趣、专门进行"数字排毒"的概念酒店。入住的客人必须将电脑、手机等数码设备全部寄存在前台才可以办理入住。

方法② 利用报纸、杂志、书籍等纸类媒体

另一个掌握"拒绝推荐"能力的方法就是有意识地去关注纸质信息。

推荐功能的可怕之处在于，它会在你毫无察觉的情况下，慢慢侵蚀我们的大脑，在不知不觉中降低你的思考能力，渐渐让人变得视野狭窄。

关于这些铺天盖地的推荐服务，或许在某个时间，你会突然发觉最近好像总是按照它们推荐给你的来购买，而且买的东西开始变多了，相应的开销也增加了。

更可怕的其实是网络媒体和社交软件上的信息。

这些信息的可怕之处就是我之前提到过的"回声室现象"。明明是错误的信息和意见，却有可能会被当成主流的事实。

另一方面，搜索引擎的 AI 算法提供了过滤功能，它会屏蔽掉你不想看到的信息。所以，大家只能看到他们自己想看的信息。这种状态被称为"过滤气泡"❶（filter bubble），因为它让你感觉像被一个气泡包裹着一样。

要想使大脑免受"回声室"现象和"过滤气泡"现象的危害，就要掌握拒绝推荐的能力。所以，你必须接触一些不会被"回声室"和"过滤气泡"影响的信息。

也就是所谓的报纸、杂志、书籍等。

在网络媒体与社交软件上，即使显示的内容带有偏向性，也很难被人察觉，但报纸、杂志、书籍不能针对读者进行个性化推荐，也就是说，会有大量你不感兴趣或与你想法相反的信息存在，这些信息会半强制性地展示给你。

所以结论就是，可以利用此点来摆脱"回声室"和"过滤气泡"的危害。

掌握"拒绝推荐"能力时的需要注意的问题

话虽如此，但从网络获取和查找信息的便利性还是

---

❶ 简单地说，过滤气泡就是根据你的个人数据来操纵你的搜索结果。——编者注

让人难以舍弃。

　　因此，我还建议大家使用隐私浏览模式。请检查一下自己电脑和手机上的浏览器，无论是电脑还是手机都可以开启隐私浏览模式。隐私浏览是一种不保留任何历史浏览记录的浏览模式。

　　也就是说，用户的倾向性不会被暴露出来，可以以最纯粹的方式使用浏览器。这样的话，当你使用手机搜索任何信息时，就不会出现 AI 计算后产生的推荐信息了。

技能 **4** 技术的运用

——接受并利用技术

⚙ **技能定义**　　**把技术当作伙伴，并善加利用**

　　这里似乎与上一章提到的"拒绝推荐"相矛盾，但事实并非如此。"技术的运用能力"也是一项技能，它能使您接受并灵活地运用各种新技术，而不会对技术产生厌恶之情。

　　这里所说的"产生厌恶"指的是，认为 AI 会夺走自己的工作而对此产生的抵触情绪。大部分人认为只有脚踏实地地努力工作才有价值，这也是对传统认知的一种执着。

　　技术是完善自己工作的助手，把它视为伙伴，与其共存并灵活运用，从而提高你的工作效率。

　　这就是技术的运用能力。

　　来掌控技术吧！请放心，这并不是一件很难的事。

需要的理由 发展是通往便利的单行道

关键理由① 技术能处理的事情，就交给技术

我相信很多人已经有过切身感受，能力强的商务工作者、职场精英，都在不断地利用技术来提高自己的工作效率。

但这些忙得不可开交的人，是为了进一步提高工作效率而学习新技术的吗？

我认为恰恰相反。

运用科技提高工作效率和生产效率→有了闲暇的时间→用闲暇时间去做一些只有自己才能完成的高附加值工作→升职加薪。

我认为这个流程就是未来成功需要的必要公式。

这些人在被安排工作时，首先会考虑，能否通过某些技术来提高工作效率。

例如面对制作企业所需的展示资料等程式化的工作，就可以考虑是否能利用自动化程序（RPA），或利用类似 ChatGPT 等生成式 AI 来制作草稿。这样，他们就可以清楚地知道只有自己才能完成的步骤是哪些。

如果你想要提高自己的收入和地位，那么必然要把科技能完成的事交给科技去做。利用空出来的时间，把精力集中在只有自己才能完成的工作上，完成自己独一无二的成就。

第四次工业革命的导火索或许就是以 AI 为中心的新

技术。

第四次工业革命或许比以往的三次工业革命更有冲击力。在这样一个变革的时期,"我不会被 AI 打败"的想法或许是一种损失。

因为这种想法和思维看似勇猛,实则在这个需要与 AI 等技术共存的时代,反而是一种不思进取。例如汽车诞生时,有些人不甘示弱,认为自己走路才有意义,自己也绝不会输给汽车。

AI 并不是敌人,它是一种与我们共存的技术。

因此,现在还不是对 ChatGPT 抱有敌意的时候,我们应该把它作为优秀的助手灵活运用。

算盘→计算器→打字机→电脑→ AI。

从这条线上我们就可以看出人类与 AI 的从属关系。

多年过去以后,历史学家在回顾历史时会发现:"那正是人类的第四次工业革命啊。"也就是说,现在我们正处于这第四次工业革命的浪潮之中。

所以,我们不能轻率地以为"人工智能 AI 还差得远呢"。

比尔·盖茨也说过:"即使有些事情我们认为现在的 AI 还做不到,但在不久的将来,它们一定可以做到。"

在"加速回报定律"的作用下,科技的进步速度会越来越快,所以技术的发展速度一定会超出我们的预期。如果没有看清这一点的话,你就会错过很多机会。

当自己身处浪潮之中时,很难意识到事情根本性的变化

（范式转移），所以请磨砺你的五感，感受这个时代。

为此，我们必须锻炼之前提到的"一手信息收集能力"。

关键理由② "卢德运动"无法改变任何事情

在这样的时代，我们应该避免"卢德运动"。卢德运动是第一次工业革命时期英国工人以破坏机器为手段，反对工厂主压迫和剥削的自发性工人运动。

那些认为由于机械化普及而导致工作被夺走或工资下降的人，为了保护自己的权利，纷纷破坏工厂的机器。他们心里或许在想："就是因为出现了这样的机器，我的工作也要丢了！我要破坏它！"

现在，我们也把这些反对或不愿接受新技术的人称为"卢德"。

历史证明了"卢德运动"毫无意义，这样的行为，根本无法阻止文明的进步。

文明是向着更便捷未来发展的单行道前进的，是不可逆的。虽然不能说向着便捷就一定正确，但无论如何进步都是不可逆的，这毋庸置疑。

例如，随着以亚马逊为首的网络书店出现，近 10 年来日本全国线下书店的数量从 2.1 万家减少到 1.1 万家。我们购书的方式变得简单起来，但是同时，在店里工作的人和店铺经营者会相继失去工作。

我们会因为实体店的落寞而放弃网上购物的习惯吗？我

想不会吧。

这就是文明进步不可逆的原因。

就像优步（Uber）、滴滴等软件出现，这些软件使我们的出行变得方便起来，然而传统的出租车公司却面临着倒闭的风险。

关于格步，有一件事让我印象深刻。

前几天我和家人去马来西亚的时候，不小心在机场弄丢了自己带来的婴儿车。我有三个孩子，最小的那个只有两岁而且当时正在熟睡，如果我一直抱着他行动的话还是稍有不便的。

于是我打电话给马来西亚的朋友，她说："那我现在就把婴儿车给你送过去。"

只用了不到 20 分钟，婴儿车就送过来了。她甚至用格步把家里多余的婴儿车送到了我要入住的酒店。

这可真是帮了我大忙，我当时非常感动！只需要简单操作一下手机上的软件，问题就能得到解决。使用格步，当地人们在下班后可以顺路搬点行李货物赚些零花钱，这对使用者双方都有好处。

同样的事情如果发生在日本，从购买包装材料到打包，再把包裹送到快递公司支付运费，最快也要花费 1~2 个工作日才能完成。

这同时进行着的交通与物流变革，给我留下了深刻的印象。

主要理由③ **其他从业者会利用技术进入你的行业**

"卢德运动"所代表的不仅仅是破坏工具的行为。在 2023 年 5 月份，美国编剧团体组织了罢工运动，这是针对网飞、迪士尼等动画工作室发表的"不排除将来会使用 AI 创作剧本"声明的抗议。

这样的行为也可以被称为"卢德运动"。站在每一位编剧的角度来说，可以代替专业人士撰写剧本的 AI 确实是一种威胁，因为掌握了生成式 AI 的使用方法，业余人士和临时编剧都可以写出足够专业的剧本。

但是，从整个行业现状来看，这确实可以提高生产力。并且从整个人类的进步层面来看，它可以使我们欣赏到更加丰富的影像艺术作品，所以这一趋势是无法阻挡的。

生成式 AI 为业余人士带来了进入专业领域的机会，但受此趋势影响的专业人士，他们的价值也相应地受到了影响，甚至在某些情况下可能会丢掉工作。但那些顺应时代发展（即学习了技术运用能力）的人，将会开始全新的工作方式。

掌握方法 **学会尝试**

方法① **重复那些让你感到方便的小体验**

提高技术运用能力最有效的方法，就是从身边与生活密切相关的产品开始。

那些敌视技术的人都有一个共同点，就是刻意避免使用身边的新科技。他们觉得未知的技术很可怕，而且重新学习和理解新技术也很麻烦。

即使是这些人，在不经意间使用到新技术时也能体会到："咦？还挺方便的，本以为会很麻烦，其实也没什么。"但下次又有什么新技术出现时，他又会感到害怕和麻烦。

所以，请重复这些让你感到"很方便"的小体验，这样你对科技的敌意就会越来越少。

即便如此，仍然有些固执的人还在抵触新技术，这时他们可能已经陷入了"认知不协调"状态。所谓"认知不协调"，是指当人类的知识或想法出现偏差时，为了减少机体的不快感，大脑会试图将自己的认知或想法正当化的状态。

举个简单易懂的例子。

使用贝宝（PayPal）等电子支付方式是接受新技术最简单直接的体现。但对未知的技术产生抵触情绪，觉得重新学习和理解很麻烦的人，他们的真实想法是这样的：

- 不使用现金的话，不知不觉就会花多了，肯定是现金好！
- 不用现金的话，钱本身还有什么意义！
- 支付现金不需要那么多设备，可以应对各种紧急情况！

当一个人的大脑陷入压力（认知不协调状态）时，为了消除这种压力，他就会欺骗自己的大脑，强行把自己的想法正当化。

- 无法适应电子支付和时代进步的自己→压力。
- 提出更多使用现金的好处→消除压力。

他们就陷入了这样的状态。

再举个例子。

有些人决心戒烟，却总是三天打鱼，两天晒网。

比如我的邻居田中先生，80 多岁了还每天乐此不疲地抽着烟。烟民在不愿承认自己意志薄弱的同时，为了减轻大脑的压力，还主张在工作单位抽烟可以使人际关系变得更加融洽。

他们不愿意相信是自己的问题，所以让大脑编造了一个正当理由，从而减少自己的心理压力。

当提到"下次会议改为网络会议"时，有些人可能会觉得安装和操作会议软件都很麻烦，也不知道如何使用屏幕共享这些功能。他们不愿意接受线上会议这种新事物，于是潜意识里就想把自己的理由正当化，比如提出"真实的交流才是最重要的""开会还是大家一起面对面进行效率才会高"。

这些都属于"认知不协调"状态。

方法② 从技术中获得思维的种子

"认知不协调"状态也适用于 AI。

在试用 ChatGPT 的时候，有些人的提问方式很杂乱，得到的回答也都毫无意义，内容也很肤浅。所以他们就选择拒绝技术、拒绝 AI，他们觉得"果然这种东西还远不及人类"。

这种情况在计算机术语中被称为"GIGO"。GIGO 是

"garbage in, garbage out"的缩写,表示"废料进,废品出",即无意义的输入只会导致无意义的输出。

也就是说,技术本身并没有问题,而是使用者的方法不正确。

ChatGPT 有时确实会显示错误的信息,有人立刻就会发现并起哄,说它还不如某某搜索引擎好用。

对此我认为,恐怕是他们要求 AI 完成的事情太过简单了,并且这些人根本没有真正思考过怎样更有效地去利用 AI 技术。

生成式 AI 具有更多创造性的使用方法,比如向 ChatGPT 提出"我想写一篇介绍 AI 的文章,请把结构要点列举给我",然后你就能得到几个想要的答案。

接下来,我们只需要以这些答案为基础,完善整篇文章就可以了。这样一来,原本需要几个小时才能完成的文章结构,现在只需要短短几十分钟就能搞定。

这才是生产力的真正提高。

不要向 AI 直接寻求答案,而是要从它那里得到思维的种子,我认为这才是正确的使用方法。但如果你想得到的是直接答案,那最好还是参考专业书籍或专业人士的意见。

AI 在日常生活中也有许多使用途径。

比如试着询问 ChatGPT:"我的母亲现在独自生活在远方的老家,有什么方法能让她在母亲节感到快乐呢?请给我推荐几个方法吧。"

　　如果 AI 反馈的答案中没有自己满意的方法，就可以要求 AI 继续列举新的答案。在这重复的过程中，也许很快就会出现你中意的答案。

　　这样，思考问题的时间就可以被节省出来。充分利用这些节省出来的时间，做一些只有人类才能做到的事情，让母亲真正地感受到快乐。

掌握技术的运用能力需要注意的问题

　　未来，AI 或许将以惊人的速度进化。这时，如果不注意使用技巧并习惯它的存在，你就会越来越感到害怕和麻烦，也会进一步地避免去使用它。

　　这样一来，掌握了 AI 使用技巧的人与拒绝使用 AI 的人相比，在工作效率上的差距会越来越大。

　　关于 AI，我们不能向其直接寻求正确的答案。它既可以用来做前期准备，也可以用来做头脑风暴的协助者，关键是一定要把它当成自己的助手一样。否则，我们就变成了一个无法顺应时代变化的人（或脑）。

　　在这个日新月异的时代，技术的运用能力显得尤为重要。

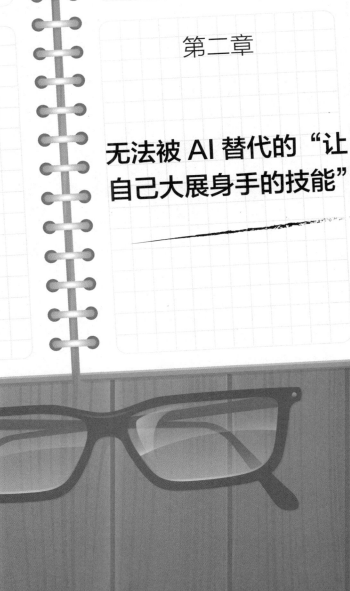

第二章

无法被 AI 替代的"让自己大展身手的技能"

技能 **5** 预测未来

——正因为很难，所以要学会预测

⚙ **技能定义**　　**能大致预测未来的 10 年**

很多人认为，预测未来这种事怎么可能会存在！我们要珍惜眼前的幸福，好好生活就够了。

但是，请仔细想一想：我们一边珍惜眼前的幸福，好好生活，一边预测未来不是更好吗？

我认为，珍惜眼前的幸福和预测未来这两件事是可以并存的，这个问题并不是只有一个选择。

传染病的流行、国际纠纷、气候变化……我们不知道未来还会发生什么，也不知道它们的影响有多大，传播速度有多快，以及波及面有多广。

因此，我们现在的时代也被称为乌卡（VUCA）时代。

VUCA 是 volatility（易变性）、uncertainty（不确定性）、complexity（复杂性）、ambiguity（模糊性）的首字母缩写，

它原本是美国的军事用语，近年来逐渐被作为商务用语来使用。

未来是难以预测的，正因如此，与其左右摇摆放弃探索，还不如积极尝试，预测未来会发生什么。

不只是预测明年或后年，而是预测像 10 年后这样遥远的未来。哪怕是模糊地预测到 10 年后会发生什么也好，我把这种技能称为"预测未来的能力"。

👆 需要的理由　努力就会成功的法则已不适用

关键理由① 努力获得的资格证将会变得无用

在以前，预测未来的能力并没有人去重点关注。

这里所说的"以前"，是指某个时间点发生过一件让人强烈意识到预测未来是一件很困难的事情，但具体是哪个时间点因人而异。有人认为是 2001 年的美国"9·11 恐怖袭击事件"，也有人认为是 2008 年的"雷曼事件"，也有人提出是 2019 年暴发的新冠疫情。

不管怎么说，在这些事情之前，在那能够大致预测未来并按照人生规划生活的时代，预测未来的能力并不被重视。

考上一所好的大学，毕业后再进入知名企业工作，生儿育女，购买属于自己的汽车，并随着年龄增长工作小有所成的同时慢慢迎接退休难道不好吗？在这个人生前景好像有明确路线的时代,"计划"要比"预测"更加受到人们的重视。

然而,因金融业的急剧复杂化引起的经济波动,国际形势的变化,气候变化以及传染病的扩散,再加上科学技术的进步,ChatGPT 等生成式 AI 的出现,使得原本被认为是板上钉钉的人生计划变得难以实现。

例如,在你取得某些资格证后,将来就可以生活得很安稳;只要在某些领域有一技之长起码就不会挨饿;只要进入某公司就职,就可以等着过上富裕的退休生活,等等,这一系列计划在许多年后很可能会被打破。

这不仅仅属于个人层面的规划,那些曾认为自己高枕无忧的大公司,也被游戏规则的改变者(或是数字化颠覆者)破坏了市场,新兴企业利用最新技术推出了新的商业模式,从而使这些大公司陷入经营危机。

因此,要经常试着预测未来,就算是模糊的预测也没有关系。你必须让自己意识到"磨炼这个技能也是徒劳的""不能继续在这个行业待下去了"或"这个公司的经营战略已经站不住脚了"等这些事。

有一本书,叫作《10 年后,你有工作吗?为了生存你必须学会如何得到赏识》。书中写到,无论做什么,5 年时间足够让你成为专业人士。

也就是说,5 年左右(更准确地说 2~3 年即可)一个人就可以彻底掌握一项新的技能。

为了以后生活得更好,你需要定期审视自己的技能,一

定要做到改写或精进。

也许因为你的某个技能经过 10 年的磨炼，终于能称得上专业人士了，但极有可能因为出现了与此技能对应的科学技术，突然你的技能变得不再被需要了。

我希望你的人生不是说着"我煞费苦心花费了 10 年努力钻研的技能竟然被 AI 取代了，把我的 10 年还给我！"这样的话来度过。

在现在这样的时代，最让人感到害怕的应该是信息弱者（通常指在信息化的社会中不擅长使用手机、电脑网络的人）。

信息弱者真是个令人讨厌的词语。我不太喜欢这个词语，因为它总是给人一种高高在上的感觉。但在这个飞速发展的时代中，我们必须认真对待这个词语。

许多人认为自己每天都在网上翻阅新闻、阅读报纸，所以肯定没问题。确实，这种程度的浏览，在职场人之间的闲谈中确实会发挥不少作用。

可是，这样真的"没问题"吗？

如果仅限于讨论时事新闻，那这样的行为是不足以改变 5 年或 10 年后的行动的。所以最重要的是，利用从新闻中获取的信息来展望未来。

关键理由② 即使仿效成功者也不会获得成功

每个人都有自己应该要守护的东西，可能是自己的生活，也可能是家人的生活。为了守护这些，每个人在将来都必须要确保自己有一份稳定的收入。

为了确保将来自己有一份稳定的收入，我们就必须要为以后可能发生的变化做好准备。也就是说，为了我们所守护的东西，预测未来的能力很重要。

尽管如此，媒体却很少提到有关预测未来的事，至于理由，我试着用自己的方式思考了一下。

有一档以商界和演艺界里的成功人士为主题的电视节目，节目邀请的嘉宾，有从贫穷变得富有的人，也有克服重重挫折而成名的人。

在节目中，当被询问起"为什么会成功"时，大多数成功人士都会回答说："因为不确定未来的事情，所以我只是努力做好了眼前的事而已。"

因为他们是成功者，所以说的话很有说服力。

这样一来，收看此电视节目的观众也会觉得自己无须再为未来烦恼，只要把精力集中在眼前就对了。

但如果这些成功人士一开始就说："因为预感将来会是这样的时代，所以我从战略角度预测了自己应该做的事情，几乎所有的事都是按计划进行的，所以我取得了这些成绩。"那人们反而会觉得："这家伙说的话太不可信了，明明可能是偶然间的成功，事后又在编造理由。"

所以节目组导演也认为这样太过于直接，没办法引起观众的共鸣，节目也不会很精彩。

因此，我认为从这些方面来看，预测未来的能力很容易被忽略。但是，这些能在商业世界有所成就的人，一定都会有意无意地涉足未来，对未来进行模糊预测。

关于成功，我认为最重要的是行动力。如果一个人只是不假思索地一味前行，那么，他和哪怕只是稍微关注一下未来，并调整一下自己的行动的人比，结果也是不同的。

假设，你有一位非常崇拜的动画设计师，而且你以他为目标也立志成为一名优秀的设计师，在此期间你一心一意勤奋创作。但是，你并没有预见到不久的将来，业余爱好者和外行将会利用生成式 AI 进入设计行业。

那么，即便你已经有能力独当一面时，可能依然还在从事着廉价的工作。

我们必须意识到，过去人们通过努力就能获得成功的线性法则已经不再适用。

作为经营者，如果你没有正确预测未来的发展，公司可能就会被毁掉；作为个人，你可能就会面临失业。

因此，我认为所有职场人都必须具备预测未来的能力，不仅仅是明年、后年，而是必须看到 5 年甚至 10 年后的更远的未来，这样，你才能顺应时代的浪潮。

比如：随着电动汽车的全面发展，传统汽车产业将何去何从；气候变化的风险增加后，粮食问题和灾害问题将如何应对；人口老龄化问题又将如何解决；等等问题。

例如，身为一家靠游客赚钱的餐馆经营者，你就必须预料到如果某种教徒人数持续增加，你将不得不考虑其需要的菜单。因为世界上信仰该教的人数正在不断增长。

即便作为公司职员，你也必须预测到生成式 AI 的出现会给现有工作带来哪些变化，熟练使用 AI 需要掌握哪些技能。

而设计师、插画师、摄影师、作家等被称为创意工作者的人更不能掉以轻心。

因为有了生成式 AI 作为武器，所以我们更应该思考，当业余爱好者和新手创作者成为自己的竞争对手时，应该如何应对这样的局面，而且还要为市场价格可能产生的波动做好准备。

科学技术的发展不仅仅在 AI 领域。

我认识几位专业摄影师。因为大家都是专业人士，所以一直在购买几十万日元的相机和镜头来进行工作，但最近他们的收入不断下降，情况不是很乐观。

究其原因，是因为现在智能手机摄影和处理、加工功能快速发展，人们大部分日常摄影方面的事宜已经不需要再委托专业人士处理了。

比如，使用智能手机拍照时，即使天气不好只拍摄了一张照片，后期也可以用各种应用程序轻松加工照片。于是，业余爱好者利用现在智能手机的摄影和图像处理能力，通过"众包"的方式加入摄影师行业，从而破坏了专业摄影师的市场。

不幸的是，这种对现有市场的破坏是无法阻止的。

所以，你是想不管未来如何，只是因为热爱而继续从事

普通的摄影工作，还是预测未来的发展方向，专攻丛林深处的珍稀动物、战场等只有极少数专业摄影师才能涉足的场景呢？我想这个差距将来是非常大的。

关键理由③ **犹太人的字典里没有"意外"**

在预测未来方面，我曾提到过比起明年、后年这种短期预测，5 年或 10 年后的长期预测更为重要。

比如近期的一些例子，新冠病毒的蔓延造成了国际物流的停滞、俄乌战争牵动着整个半导体产业链等。

这些突发事件虽然不可能做到提前预测，但如果看向 10 年后，我相信半导体很难会出现短缺的情况，即使发生暂时短缺，也会得到调整。随着 5G 和 6G 通信技术的普及，不难想象今后全球对内置半导体的物联网设备的需求会越来越大。

对于突发事件，它们很快就会恢复正常，所以与其被这些突发事件影响，不如好好把握长期趋势。

预测未来的能力，其实就是危机管理能力。

据说犹太人不太使用"意外"这个词。

因为父母和学校老师从小就教育他们要做好最坏的打算。

掌握方法 **循序渐进地进行预测**

要想掌握预测未来的能力，一共有 3 个方法。

方法① 先预测一个短期内可能发生的事情

要掌握预测未来的能力并非一件易事，不然，我们每个人都可以轻而易举地做一个成功者，比如在股市中大赚一笔。

所以，并不是说一开始就要预测 10 年后的未来，而是先试着进行预测未来的训练。

有人列举了失败的 3 个要素。那就是骄傲自大、自以为是、信息不足，只要具备其中任何一条，你就可能会失败。不管是考试、战争，还是商业竞赛、销售等，只要结果有所谓的胜败，这三个要素就基本适用。

当看到这些话时，我觉得前两个原因"骄傲自大"和"自以为是"归根结底还是由第三个原因导致的。因此，如果用我自己的话来概括，我认为我们最终失败的主要原因就是"信息不足"。

这意味着，要想在职场里取得成功，养成收集信息和挑战困难的习惯很重要。

当你反复适应并真正养成习惯的时候，就能看到更远的未来了。

例如，在进行销售合同的商谈时，不要一上来就直接去谈判。在事前，要去所在公司的网站或社交平台上收集关键人物的信息。比如他有什么兴趣爱好、家庭结构如何、最近喜欢什么东西，又或是近期去了哪些地方等。

根据收集到的信息，或许就能找到"进攻"的方向。在

谈判的时候，也能做出针对关键人物的有效提案，甚至还可以拉近与他的人际关系。

说到胜败，当然就有各种资格证的考试。在考试的关键时期，盲目地翻阅各种教材，还不如彻底地钻研过去的问题集来收集信息更重要。

这种事，只有实际参加过或进行过考前练习的人才能知道。

再举个例子，中日龙队（日本棒球队）原总教练落合博满先生作为嘉宾出席了某电视节目的演出。节目中介绍了在世界空手道锦标赛个人形体组（非常规对战，比拼个人形体）中获得四连冠的日本选手喜友名谅。

当主持人邀请落合博满先生发表对此的看法时，他只说了："能获得四连冠，说明这位选手很懂得获胜的方法。"

随即，主持人与其他嘉宾只是随声附和道"是，是吧……"就立刻进入了下一环节。

我想，应该没有多少人注意到落合先生这句话的含义吧。

按照我自己的理解方式来看，落合先生所讲的这位空手道选手，并不是为了展现出更加优美的动作而盲目努力，而是他彻底研究了评委们的打分标准，并将其作为关键信息。

无论你受过多少训练，再怎么做出优美的动作，那些自以为是的美都不可能取得胜利。评委会对某些重点进行评分，比如在哪移动、在哪停止、该把视线投向哪里，或是在哪需要散发出巨大的气势。是不是研究掌握了评委的这些评分要点，就可以站在决赛的舞台上了？

虽然这种说法对参赛选手来说非常失礼，但对于短时间的胜负来说，运气确实可能会影响一切。如果说取得 1 次胜利可能是因为对手的状态不好，但连续取得 4 次胜利就另当别论了。

我认为落合先生想要表达的是，你必须掌握制胜的信息，而且不达目的誓不罢休。

商业领域也是如此，收集在下一次商谈中需要的信息和情报，并将这一习惯扩展到 1 年、2 年、5 年、10 年后，养成以获胜为目的的收集习惯。

最后一点，要想解读和预测长期趋势，了解与科学技术相关的新闻就尤为重要，因为这些新闻很早就预示了将来会发生什么。

通过这种方式，收集信息并预测未来，养成制胜的习惯吧！

方法② 阅读预测未来的书籍

对长期趋势的预测可以通过阅读有关书籍来实现。

例如，河合雅司的《未来年表》，成毛真的《2040 未来预测》，彼得·戴曼迪斯（Peter Diamandis）等合著的《未来呼啸而来》，土井英司的《一流的人，都懂得如何做选择：精准选出 "成功率较高的选项"》等。

方法③ 浏览国外的新闻网站

掌握预测未来能力的第三个方法，是浏览国外的新闻

网站。

不过这里有个注意事项。如果为了获取国外信息只去浏览英国广播公司（BBC）、美国有线电视新闻网（CNN）等主要网站的话，就只会获得偏向欧美的信息。刚才有提到过作者成毛真先生，他向我推荐了中东的卡塔尔半岛电视台，那里的报道既不亲美也不亲欧，所以我也在关注半岛电视台。

在科学技术方面，我并不介意地域问题。

例如，曾有人认为世界最大零售商沃尔玛会被亚马逊取代，但沃尔玛却不断招聘其他信息技术（IT）企业的高管，引进最新技术，不仅致力于公司内部数字化转型（DX），似乎还要追赶并超越亚马逊。

该公司的目标是到 2026 年，使美国 4700 余家店铺 65%的业务实现自动化，并表示将在仓库等岗位裁员超过 2000人。在当时公开的视频中，沃尔玛公司还展示了一台机器人正在库房工作的样子。❶

再过 3~5 年，我想日本也有可能会发生类似的事情，如果得到这些信息并对其进行分析，你就可以采取行动。你可以看到自己目前所从事的工作将如何改变，如果恰巧要入职或更换工作，就可以看到你将要开始或更换的工作是否还有未来。

---

❶ 《日本经济新闻》:《沃尔玛计划 65% 的美国店铺实现自动化》。

　　在裁员问题愈发激烈的美国社会，那些生存下来的人都从事什么职业，工作内容又有哪些？只要你定期关注国外的新闻网站，就能对模糊的未来有一个基本的概念。

　　除此之外，对分析未来形势极具参考价值的，还有美国著名调研公司欧亚集团发布的"年度十大风险"。❶

　　预测未来的能力确实是一项危机管理技能，它可以帮助你预防全球范围内的重大风险。以上就是如何掌握预测未来能力的训练方法。

掌握预测未来能力时需要注意的问题

　　在阅读预测未来的书籍或浏览国外新闻网站时，有一些注意事项。

　　那就是当获得信息后，必须用自己的方式分析和预测这些信息，并改变自己的行动。

　　此行动也可以是很小的事情，千万不要突然做出"创业"这样大胆的行为。

　　比如如果你和我一样从事咨询服务的话，你可以在给客户的建议书开头添加一些有用的国际形势和科技动向的信息；或者对某个行业很感兴趣，就可以经常去参加一些该行业举办的展览会。这些都是一些很小却重要

---

❶　欧亚集团：Eurasia Group《Top Risks 2023》。

的改变。

不管你获取了多少信息，但没有任何行动的话一切都不会改变。日本知名神经科医生兼创作者、作家的桦泽紫苑先生说过："输入与输出的黄金比例为 3 ：7。"

但大多数人却恰恰相反，他们的"输出"为 3，"输入"却是 7，这种事情值得我们深思。

桦泽先生认为，输出少的原因在于大多数人没有以一个明确目标为前提进行输入。

所以，为什么要去读书，为什么要想方设法获取海外信息？这一切都是为了改变你的行为，改变"输出"。

技能 6 塑造自我品牌

——被认为是值得托付的人

技能定义   做到工作中经常被指名

所谓"自我品牌",就是指你拥有面对某项工作时,其他人认为无论如何都想拜托你去完成;或这个项目,无论如何都想和你一起做的能力。"无论如何"包括"即使要价再高""即使等待"等。

像这样拥有其他人无法替代的能力,这是一种力量,是你自己的品牌力量。

需要的理由   我们无法摆脱现有的市场法则

关键理由① 未来社会将进一步商品化

天使投资家、经营顾问、京都大学客座副教授泷本哲史先生写有《你不需要朋友》一书。书中指出,世界正变得越

来越商品化。

商品化的意思就是普及和大众化的意思，所以多为以往的物品或服务。

例如液晶电视刚刚问世的时候，其划时代的外观让许多人为之震惊。但其高昂的价格，并不是每个人都买得起。

我至今还记得自己第一次购买液晶电视的情景。那是 2005 年，我购买了一台由三洋电机生产的 20 英寸[1]液晶电视，售价将近 30 万日元。因为这对当时的我来说实在太贵了，所以我清楚记得自己无论如何都想买下它。而现在，一台 20 英寸液晶电视的售价可能还不到当时的十分之一。

让我们回到正题。

在早期，每家公司都会有一些自己的特点，每家公司的产品都存在差异化，比如画质高的是夏普，音质好的则是索尼，或者产品智能的是松下，功能多的是东芝等。

然而，各厂商为了追赶其他公司的地位而展开了激烈的竞争，其结果导致后期产品在规格上没有了明显的变化和特色，于是现在出现了一切都取决于价格的局面。

这就是普及的过程。

现在的竞争对手不仅局限在国内，三星电子和乐金（LG）等韩国企业也通过价格优势进入了日本液晶电视市场。

---

[1] 1 英寸 =2.54 厘米。——编者注

起初，日本产品的质量是韩国企业无法相比的，光是画质就有明显差距。"日本制造"的品质最初具有压倒性的优势。

但商品化的可怕之处就在于此。转眼间，韩国产品的质量大幅提高，日韩产品已经很难在规格上分出优劣了。不仅如此，由于韩国产品价格便宜，以至于当人们注意到韩国产品时，三星电子和乐金已占据了全球 50% 的市场份额。

这种商品化是任何物品和服务发展过程中都会出现的现象。

泷本先生还在书中指出，文明的进步促进了信息的共享。职场人士也终于进入了商品化的时代。结果就是，人们在知识和能力方面的差异越来越小。

例如某企业的行政部门，为了提高员工参差不齐的技能水平，而引进了网课系统。

于是，许多员工就会掌握几乎相同的知识和技能。当然，也许会有人因为不适合而离开，但大多数员工的办公水平都得到了提升。

结果就是，当管理人员想要委派一项新工作时，他可以将其委派给任何可用的人员，这对管理人员来说是一个非常理想的状态。

从员工的角度来看，这已经是商品化的现象了。因为人们会认为："这项工作不一定必须你做。"

由此我进一步预测，在这个充斥着生成式 AI 的当今社会，这种人力资源的商品化将会进一步加速形成。

其原因就在于，随着使用 AI 技术的业余爱好者融入各行各业，专业和外行的界限将变得越来越模糊。在这种情况下，自身的业绩和信誉，也就是自我品牌的力量会变得越来越重要。

关键理由② **推进业务的效率化和手动化**

不仅是行政部门，在任何部门都会发生同样的事。

在这个人人都能通过网络获取信息的时代，即使没有引进网络课程，人们也可以在例如油管网之类的平台学习成功案例或诀窍。所以在此过程中，将进一步加速职场人士的商品化。

其中可能会有人使用生成式 AI 来提高自己的工作效率，但关于它的使用技巧很快就可以从网络上查到，其他人很快也可以掌握使用 AI 了。

这种商品化发展的问题在于，职场人士会逐渐意识到，许多工作并非非你不可。

对于上班族来说，这意味着工资很难上涨；另一方面对于自由职业者来说，则意味着要卷入价格竞争。

用刚才的电视话题来思考就很容易理解了。如果所有厂商的产品规格都一样，那么消费者自然会选择更便宜的产品。

如果你是公司职员，即便向领导抱怨："工作这么忙，如果还不加薪的话我就辞职"，也很难如愿。因为对方可能会考虑："好吧，可以代替你的人有很多。"

如果你是自由职业者，如果在讨价还价时说："这个价格不行，还得再涨一点。"那对方也许就会说："那好，我再找别人吧。"

这就是商品化的可怕之处。你的收入会变得很难提高，如果能力不够，甚至还可能会下降。

职业运动员的世界向来如此残酷。那些被认为是"非你莫属"的选手，年薪会非常高，反之其他人的则会较低，如果不够优秀甚至会被下放到二队。

同样残酷的还有娱乐圈。没有名气的艺人演出费用很低，而刚出道的无名艺人更是觉得"能被用到就很感谢了"，所以一直只能拿到更加低微的演出费。但那些让人觉得没有他，这个节目就办不下去的人，他们的收入却高得惊人。

也就是说，只要我们从事经济活动，就无法摆脱供需平衡这一市场原理。我预计随着越来越多的人利用技术进入供给方，这种情况严峻程度还会增加。

因此，我们必须确立自己无可替代的地位。要有让他人觉得"非你莫属"的品牌力。

当我在油管网上谈起这个话题时，有许多留言称"没有这种非自己不可的工作"。我想这是误解了我所表达的意思，正如大家所说，只有你自己才能胜任的工作当然不会轻易存在。所以，我并不是特指这样的工作，而是指拥有被别人认可和选择的品牌力。

例如我所在的咨询行业，品牌的力量至关重要。

很抱歉谈及自己的事情，但我确实收到了许多委托：有关于生成式 AI 如何改变未来的，也有关于无人店铺对零售业

的冲击的。

在谈到相关费用时，几乎没有人跟我讨价还价。

这是因为，作为一名未来学家，我已经建立了自己的品牌，可以对各行各业的未来前景进行预测并提出建议。而且我不会以推销为目的去做什么演讲，所以也不会卷入价格竞争。

当我们主动进行会议推销的时候，必须就价格、日期，甚至演讲内容举行多次会前商谈。

如今，我的工作已经不需要再去谈论价格了，日期、内容全部都由我来决定。

在日益商品化的当今社会，我们必须建立可以被指名的自我品牌。

身为公司负责人的我举一个例子。作为一名公司职员，你必须具备能够在公司内部和竞争对手之间形成差异化的品牌力。

就例如下面这些话：

"此客户的销售工作非你莫属。"

"这个项目的介绍工作最好你来。"

"这个现场决不允许出错，就交给你了。"

"这是正在启动的一个内部项目，我们希望你来带领大家。"

"客户反馈说如果不是你来负责此项目，工作就很难进行了。"

这意味着，即使身为公司普通员工也要建立一个位置。

如果你感觉自己所处的位置本就容易商品化，就要更加注意了。为了进一步提高工作效率而引入的自动化技术和 AI，还有为了提高员工能力引进的网课系统，这些都进一步推进着员工商品化的进程。

就连各类店铺里的服务人员也是一样的。特别是兼职和临时工这种来去频繁的人员，如果每个新员工都有人陪同，手把手指导的话效率会很低。而只是跟着前辈在身后学习，效率会更低。

因此，如果事先准备好"教教我"（Teachme Biz）这样的工作手册制作软件，就能有效地培养出具有一定水平的店员。但不管什么时候，总会有那种只要站在店里，客人就会络绎不绝前来消费的业务专家。

我希望你花一些时间，研究一下他们的言行举止，看看为什么会有如此大的差别，又是什么造成了这种差别。

☰ 掌握方法　　成为百万分之一的存在

方法① 将 3 个技能相乘，把自己组合成稀有人物

塑造自我品牌的方法，就是成为百万分之一的稀有人物。

在上一章中提到过的藤原和博先生的《10 年后，你有工作吗？为了生存你必须学会如何得到赏识》，书中提到在某一领域中成为百分之一的存在后，再与其他领域的能力三者相乘，比如"$1/100 \times 1/100 \times 1/100 = 1/1000000$"。像这样，你就成了百万人中只有 1 人的稀有存在。

在一个领域中，每 100 人里就会有 1 人（百分之一）成为该领域的专家。我想许多人已经在某些行业工作了多年，所以成为这百分之一并不是很难。

但百分之一的情况却司空见惯。他们不仅存在于公司同事之间，或许也存在于竞争对手的公司里。所以，这还谈不上是品牌力。

比如你在广告代理公司做过几年工作，那你就是广告代理方面的专家了，这就做到了百分之一的存在；如果做过几年营销顾问，那你就是市场营销方面的专家；如果再做过网页设计师，那你就是网页设计方面的专家。

但是，同样水平的专家依然有很多。

所以藤原先生提到，这就是我们需要把自身从百里挑一提高到百万分之一的原因。要实现这一目标，你需要在其他不同的领域也成为百里挑一的专业人士。

于是"1 万小时定律"出现了。"1 万小时定律"是美国记者马尔科姆·格拉德威尔（Malcolm Gladwell）所著的畅销图书《异类：不一样的成功启示录》（*Outliers：The Story of Success*）中所提出的定律。他通过研究各种事例表明，不管什么事情或技能，只要坚持 1 万小时，你就能成为该领域独当一面的专家。

藤原先生说过，要实现"1 万小时定律"大概需要 5 年的时间。

但我认为，如果掌握了技术的运用能力进行高效率学习的话，并不需要花费那么多时间。通过网课、书籍等途径，根据领域的不同，甚至 1~2 年就能掌握，并成为专业人士。

像这样在其他两个领域也成为专业人士的话，你就能变成百万分之一的稀有人才。届时，你将拥有不受任何价格竞争影响的品牌力量。

我曾经从事过销售工作。在那时，我掌握了网页制作技能，再加上网络营销的经验，所以就成了这几个领域的专业人士。擅长销售，又懂网络营销的网页设计者，恐怕确实是 100 万人中才有 1 个的稀有人物。

现在，我依然为了能成为独当一面的未来学家而不断磨炼自己的技能，终于就要成为那一亿分之一的超级稀有人才了。再加上自己英语能力的不断提高，我将拥有全日本唯一的品牌力量。

通过这样的方式塑造自我品牌，你也可以成为"非你莫属"的存在。借此，你将从充满竞争的市场中脱颖而出，增加自己的收入。

即使你走到了那百万分之一，但如果三种技能中的一种随着时间的推移而逐渐过时，那你就会变成万分之一。因此，为了避免这种情况发生，我们必须不断更新其中的技能。我希望大家今后也可以不断地充实自己，继续做"乘法"。

方法② 传播信息

我想补充一点。即使你拥有了万中无一的自我品牌，但如果人们不知道这一点，也是无法创造财富的。因此，为了让第三方了解你的品牌力量，你需要传播信息。

不仅我这样的自由职业者，即使公司员工也一样适用。博客、社交平台等，不管在哪里、做什么，都必须让他人知道你是一个拥有自我品牌力量的稀有人物。

艺人、图画书作家、文学作家西野亮广先生在其著作《革命号角齐鸣：现代的金钱与广告》中使用了"储信"一词，就是积累信用的意思。

西野先生在书中写到，储信才是 21 世纪正确的获取财富之道。通过传播信息树立自己的品牌，并在自己的专业领域中积累信誉，这种储蓄的信任可以随时转化为金钱！

实际上，作为一名未来学家，我也在不断地传播信息宣传自己，积累信用。

以油管网为例，通过粉丝数和浏览量，就可以简单直观地看出我储存的信用。因此，友村（作者）成了"专业且值得信赖的未来学专家"。

这些储存的信用会以各种形式转换为你的财富，有时是作为顾问获得的报酬，有时是作为会议的演讲费，有时是作为其他公司员工的转型培训费。也就是说，这不是通过出售商品或服务就能得到的报酬，而是在建立起客户的信任后，通过满足他们的需求而得到的报酬。

一旦建立起自己的品牌后，请一定不要忘记传播出去。

掌握塑造自我品牌能力需要注意的问题

在塑造自我品牌的过程中，有两个问题需要特别注意。

第一个需要注意的问题是，选择一个怎样的职业作为你"乘法计划"的起点。

好不容易走到了百万分之一的位置，却发现社会根本不需要这个市场，那可太让人感到悲伤了。

因此，我们应该尽量选择自己喜欢、擅长和市场需求这三点重叠的地方（图 2-1）。其中喜欢和擅长是自己的问题，而市场和社会需求则是外部问题。

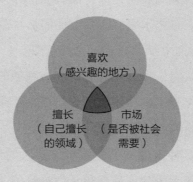

图 2-1 理想职业的选择

因此，你需要具备本书中提到的"预测未来"的能力。在做未来预测时，不要让职业的"乘法计划"偏离未来的需求。

第二个需要注意的问题是，不要被职业再培训、社会人再教育等套路所误导，从而变成资格证行业的牺牲品。

因为无论哪个销售员都会告诉你"以后一定会用得到的"，所以你必须自己认真思考并做出正确判断。

此建议对成人和孩子同样适用，希望有孩子的父母可以仔细考虑这一点。

美国科学记者大卫·爱泼斯坦（David Epstein）先生著有一本名为《成长的边界》的书。此书的英文原名"*RANGE*"，指的就是知识与经验的范围。

书中许多案例表明，那些活跃在世界舞台上的一流运动员、商人、艺术家，实际上他们从小就涉足各种各样的领域，从而扩大了他们的选择范围。

很多人认为，在某一行业内成为翘楚的人，他们一定是从小就接受了这一领域的专门教育，而事实上数据显示，这样的例子屈指可数。

这本极具冲击性的书颠覆了许多人的假设和观念。特别是那些每天为如何培养孩子而烦恼的父母们，建议读一读此书。

与其让孩子从小就专注于某一领域的专门教育，不如让他们进行广泛的接触和尝试，让他们将来选择自己的道路时能有更多的选项。这看似绕了更远的路，但这却更容易培养出一流的人才。

而且，这不是父母强加给孩子的道路，而是他们自己选择的。所以，他们在未来一定能拥有属于自己的快乐。

因此，在做乘法问题上，不必急于求成，不如把他们培养成一个视野开阔的人。

专门教育的风险在于如果将来社会对该专业的需求消失，或者长大后才发现自己其实并不适合这一领域，那就得不偿失了。

这是非常可怕的事情。

《成长的边界》还展示了一张表格，上面显示了优秀运动员和业余选手在训练量与年龄方面的联系。

当然，优秀运动员在巅峰时期的训练量肯定要比业余选手多。但令人意外的是，调查显示，优秀运动员在15 岁之前的训练量，反而要比业余选手更少。

这说明，他们绝不是从小就开始接受这项运动的高强度特训，而是在童年时代自由享受着各种运动的乐趣。这让他们拥有了更多的选择余地。

经过不断尝试各种运动后，他们最终找到了适合自己的那一项，并努力达到了专业水平。

此外，这里还有另一个值得注意的问题。

以我自己为例。我最初作为公司员工掌握了销售技能，同时还掌握了制作网页的能力，不过这些都是因为

工作上的需要。

在此期间，我还意识到市场营销的重要性，而且在读研究生的时候我就特别喜欢数据的挖掘工作，所以自学了市场营销的相关知识。

随着我的不断努力，大家逐渐开始寻问我愿不愿意做顾问的工作。

也就是说，身为一名公司员工，如果被委派了非分内的工作，或是突然被拉去参加某个项目时，最好不要固执地认为"那不是我的事情"。

永远不要缩小自己的视野范围，当机会来临时，一定要试着扩大它。就像前面提到的优秀运动员那样，抱着尝试各种工作的心态，让自己的未来有更多的选择。

在我周围，就有这种因为被委托其他业务，而找到真正适合自己工作的人。

因此，当有机会接触新业务或新工作时，你的犹豫是因为"对未知领域的不安和焦虑""从直觉或本能上感到讨厌而不想尝试"的话，我希望你能客观地看待此事。

如果是对未知的领域感到不安，那最好还是尝试一下，因为结果也许会出人意料。

但如果只凭直觉就感到厌恶的业务或工作，那最好就不要去尝试了。因为它超出了前文所提到的"喜欢""擅长""市场"三环重叠的范围。

　　三环的重叠非常重要，因为一旦有了"市场"这个环节，即使其他两个环节（喜欢、擅长）没有重叠，人们也会强迫自己去工作，这往往会导致痛苦。

　　例如，有些人喜欢画漫画，并一直坚持努力着，因为这个行业有"市场"存在。但如果他并不擅长编写剧情，那么他创作出的作品可能每幅画都很好看，但故事情节却显得乏味无聊。

　　在这种情况下，你最好重新审视自己的职业生涯。当然，漫画界也存在作者和画师共同工作的情况，所以专注于绘画这条路也是行得通的。

　　另外，近年来有许多人希望通过成为创作者来赚钱。但如果只考虑"市场"这一因素，仅仅以赚钱为目的的话，后期可能会很难前行。

　　一名成功的创作者往往比其他人更加脚踏实地，他们对工作充满热情，甚至难以区分他们到底是在玩还是在工作。

　　我也经常在油管网上传播信息，我喜欢向大家介绍一些最新的科技，这不仅有趣，而且给我带来了很多快乐，因此，我自己也无法确定这是在工作还是玩。而且，我也从来没有想过要将它们区分得如此细致，所以一直以来我都在坚持这个行为。

技能 **7** 自我主张

——转化自身价值，吸引他人注意

⚙ **技能定义** **将自身力量转化为对他人的价值**

所谓"自我主张"的能力，就是指能够堂堂正正，甚至可以说是"厚颜无耻"地展示自己优秀之处的能力。这里的"优秀"包括特长和技能，有时也包括个性。然而，这并不是为了展示自己"我很伟大！很了不起！"这种自负的态度，而是把自己的优点转化为对方可以看到的利益并加以推销，这才是此技能的力量所在。

 需要的理由 **现代社会已把自我主张视为理所当然**

[关键理由①] 有自我主张的外国劳动者在不断增加

2019 年 5 月 13 日出现了一则令人震惊的声明。日本代表性企业，丰田汽车公司董事长丰田章男先生，在日本汽车工业协会的招待会上表示："终身雇用制已经到了难以维持的局面。"

这句话在商界与劳动者之间引起了轩然大波。虽然大家认为我们早就进入了没有终身雇用制的时代，但从一家知名企业的负责人口中说出来，会让人们感觉到终身雇用制真正在开始崩溃。

这一震惊言论的背后，就是日本当下的现状。

据 2023 年 5 月 9 日厚生劳动省公布的 3 月份劳动统计调查（快报）显示，2023 年的实际工资比去年同期减少了 2.9 个百分点。这样来看，2022 年的实际工资总体呈下降趋势。

实际工资是通过名义工资除以消费物价指数后得出的一个数据。也就是说，即使工资看起来像是提高了，但如果物价上涨的速度更快，那么实际上工资还是在下降。

未来日本面临的另一个严峻现实是，适龄劳动人口（15~64 岁）将继续以惊人的速度减少（图 2-2）。适龄劳动人口在 1995 年达到顶峰后持续下降，与此同时，外籍劳动者的数量却在迅速增加（图 2-3）。

从这些数据中可以看出，日本经济的前景非常严峻。我认为实际工资在增长的某些国家，是因为它们解雇了一些生产力低下的员工，并将节省下来的资金投资到信息技术领域，以提高剩余员工的生产力。

而在日本，解雇员工并非一件容易的事。由于劳动力的固定成本较高，所以企业很难下决心进行其他投资业务。因

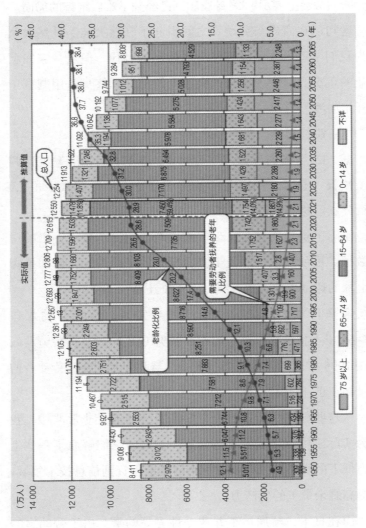

图 2-2 日本劳动人口年龄分布

资料来源：内阁办公室《2022 年老龄化社会白皮书》。

　　　　　柱状图和实线所示的老龄化比例，是根据总务省截止到 2020 年发布的《国民调查》（2015 年及 2020 年由未知数补充）得出的。2021 年的数据来自总务省的《人口预测》[以令和二年（2020 年）的人口普查为基准]，2025 年以后的数据则是来自国家社会保障和人口问题研究所提供的《日本未来人口预测[数据截止到平成二十九年（2017 年）]》，通过推算出生中位数和死亡中位数得出的结果。

注：① 2015 年和 2020 年的人口年龄数据来自未知数补充，因此不存在年龄不详。2021 年的人口年龄数据是根据总务省的令和二年（2020 年）人口普查（未知数补充）计算出来的，因此不存在年龄不详。2025 年以后的人口年龄数据是根据总务省统计局的"平成二十七年（2015 年）国民调查中年龄不详，国籍不详的人口（参考表）"计算出来的，因此不存在年龄不详。另外，1950—2010 年计算老龄化比例时，已经从分母中排除了年龄不详的情况。但 1950—1955 年的数据，不包括注②中提到的冲绳县年龄不详者。（平成元年为 1989 年）
②冲绳县在昭和二十五年（1950 年）的 70 岁以上的外国人为 136 人（男 55 人，女 81 人）。昭和三十年（1955 年）的 70 岁以上人数为 23328 人（男 8090 人，女 15238 人），75 岁以上的人口除外，并归为未知。（昭和元年为 1926 年）
③未来人口的预测是根据基准时点获取的人口学数据，并将之前的趋势向未来进行投影。由于基准时点结构性变化等因素，可能以后出现的实际结果和新的未来之间会产生偏差，因此将定期根据实际情况来对预测结果进行重新评估。
④由于四舍五入的关系，即使相加也不一定等于百分之百。

此，为了提高公司的整体生产率，大部分企业选择增加东南亚外籍员工的数量，因为他们可以以更低廉的价格被雇用。

　　这或许就是过去 30 年日本经济衰落的原因。我预计这种趋势在 2030 年前不会有太大的改变，外籍劳动者的数量应该会持续增长。

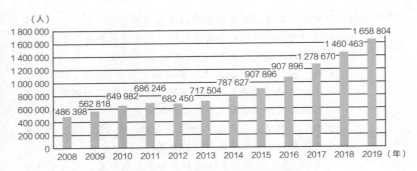

图 2-3　日本外籍劳动者人数的变化

资料来源：厚生劳动省《2020 年厚生劳动白皮书——思考令和时代的社会保障与工作方式》。

下面我想介绍一下美国商业杂志《福布斯》（*Forbes*）于 2023 年 4 月 4 日发布的世界富豪排行榜 [1]。

第 1 位　贝尔纳·阿尔诺家族 /2110 亿美元 [2]（法国 / 酩悦·轩尼诗–路易·威登）

第 2 位　埃隆·马斯克 /1800 亿美元（美国 / 特斯拉、太空探索技术公司）

第 3 位　杰夫·贝佐斯 /1140 亿美元（美国 / 亚马逊）

第 4 位　拉里·埃里森 /1070 亿美元（美国 / 甲骨文）

第 5 位　沃伦·巴菲特 /1060 亿美元（美国 / 伯克希

---

[1]　福布斯日本：《世界富豪排行，贝尔纳·阿尔诺首次登顶》。

[2]　1 美元 ≈ 7.2 元人民币（按 2025 年 7 月初汇率换算）。——编者注

尔·哈撒韦)

　　第 6 位　比尔·盖茨 /1040 亿美元(美国 / 微软)

　　第 7 位　迈克尔·布隆伯格 /945 亿美元(美国 / 彭博集团)

　　第 8 位　卡洛斯·斯利姆·埃卢 /930 亿美元(墨西哥 / 卡尔索集团)

　　第 9 位　穆克什·安巴尼 /834 亿美元(印度 / 信实工业)

　　第 10 位　史蒂夫·鲍尔默 /805 亿美元(美国 / 微软)

　　《福布斯世界富豪排行榜》上榜人员多为 IT 企业的管理人士。也就是说,IT 行业非常赚钱。

　　但经济产业省预测 2025 年和 2030 年,日本的 IT 行业人才缺口分别为 36 万和 45 万[1]。

　　IT 行业人才短缺的问题现在已经开始显现。例如,迅销公司董事长兼总裁柳井正先生表示,由于与亚马逊等 IT 公司的竞争日趋激烈[2],他愿意支付高达 10 亿日元的年薪,以吸引有 IT 工作经验的优秀人才。近年来,越来越多的大型企业开始采用岗位型雇用模式,而不是仅限于传统的综合岗位型雇用。

　　越来越多的先进企业开始转变雇用模式,他们开出高薪

---

[1]　经济产业省:《IT 人才资源供需调查》摘要。

[2]　《日本经济新闻》:"迅销公司与 IT 巨头展开竞争,高端技术人才入职可获最高达 10 亿日元年薪。"

以吸引人才加入。

随着这一趋势的出现，劳动者们必须想办法更多地展示自己。不要认为自己只需要默默无闻、勤勤恳恳地工作就能吸引老板的注意。

我们需要不断展示自己的优秀之处。例如，自己都拥有什么技能，自己可以承担哪些工作等。为了不被那些自信且有自我主张的竞争者抢走机会，只有做到不断地展示自己。

谦虚和内敛一直被视为一种美德，我也认为这是一个人的优秀之处。然而，在工作态度方面，我们必须切换成一种可以坚定展示自己的模式。

关键理由② 你的才能会因为没有人注意而被埋没

我最近有机会去了一趟马来西亚，这个国家是一个种族大熔炉。来自世界各地不同肤色的人都汇集在这里，各种宗教、烹饪等多元文化共存。

在这里居住期间，你会强烈感觉到生活和工作在那里的人具有自我主张意识。他们并没有刻意锻炼这种能力，因为在那里没有自我主张就无法生存，这已经成为他们生活的常态。

在这样一个多元化的社会里，如果你没有坚持自我的能力，就会被踢出局。

不仅仅是人，他们的公司和店铺也很有个性。在马来西亚宜得利（NITORI）门店的入口处，用英语写着"日本排名第一的家具店"。在日本，人们并没有这样的自信写出这样的信息，但在国外这是一种常态，是一种理所当然。

《法拉利与铁壶：从一条线中诞生的"有价值的创造"》的作者是唯一一个设计过法拉利跑车的日本设计师——奥山清行先生。

书中有这样一段话提到了意大利人的工作方式：当意大利人参加会议时，每个人都会极力主张自己的观点，他们会推开别人的方案来推荐自己的设计。

遇到这种情况，你肯定以为他们已经闹翻了，甚至都无法再次一起工作。

但会议结束后，大家又一起其乐融融地去喝咖啡。这在我们的社会中是几乎不可能出现的情景。

也许欧美人已经习惯了把意见和情感区分开来。因此，即使你批评某人的观点，也不等于你在针对他这个人，而更像是"虽然我不同意你的观点，但我尊重你"。

但我们的社会中的人却习惯把意见和情感混为一谈。比如认为："提出这种意见针对我，你真是太差劲了。"

当我读完这本书时，我在想，这或许是我们的社会将来也会发生的事。随着越来越多的公司开始慷慨地对待各类人才，世界各地的人们都会想来这里大展身手，全世界有"自我主张"意识的人都会聚集在这里。

其实这样的时代已经开始显现了，所以我们必须尽快拥有"自我主张"的能力。

在东京电视台的《寒武纪宫殿》节目中，主持人曾指出

"我们社会中的人的自我主张能力很弱"。

无论创作出多么优秀的艺术作品，他们都不会去说明创作该作品所需要的技术、构思以及背后付出的巨大努力。他们总是认为："我在这个作品中所付出的心血，不需要自己去展示，懂的人自然会懂。"这种持观望态度的等待，对我们社会中的人来说是莫大的损失。

同样的情况换作欧美人时，他们会极力展示自己，会说自己在创作时付出了多么大的努力，又需要有多么高超的技术，真的会放大自己的厉害之处。这正是提升作品价值的方式，所以在这方面我们社会中的人真的很吃亏。

关键理由③　越来越追求即时战斗力的社会

面试是最能考验自我主张能力的地方。

这项能力，对于学生来说，他们毕业找工作的时候会需要；对于已经进入职场的社会人来说，跳槽到新公司，或者在现任职公司升职、加薪或者人事调动的时候也会需要。

特别是参加招聘面试时，那时最重要的就是如何展示个人能力，所以就需要你大胆地发表自我主张。

许多人都会在简历中列出自己的优势、拥有的资格证和详细的工作经历。

但这并不属于自我主张，也完全缺乏冲击力。

身为咨询顾问，我经常参加由委托企业举办的人才招聘面试，而我也经常被邀请作为面试官参加。

其中，一些面试者试图通过更具体的成绩来引起面试官的注意。

例如，当面试官想要招聘市场部的人员时，他们会说："我在曾经工作的 ×× 公司里负责运营官方照片墙（Instagram），我可以有效地提高访问率"，或者"我在一个月内使公司的官方账号粉丝数增加了百分之多少，访问人数又增加了百分之多少"等，借此来吸引面试官的注意。

委托企业的面试官可能一瞬间就做出吃惊的反应，而我却无所谓地表示："你还差得远呢，这种话谁都可以说得出来。"

但当有内容吸引我时，我就会向面试官暗示道："就是他！"

例如，"我查看了贵公司的官方社交账号，发现了一些与竞争对手相比需要改善的地方，因此我在此进行了总结……这样不仅能增加粉丝数量和点赞数，还能提高店铺点击率和转化率。"

也就是说，在面试前做过充分准备的人，才是有自我主张能力的人。

当一个人超越"我能做这样的工作"这句话，并带着准备好的"礼物"说"我在做这样的工作"时，我才会肯定这个人的价值。

只是一味地展示优点和能力，只会给人眼高手低的印象。但是，如果你能把这些优势转化为对方（应聘公司）的利益，你就能受到高度重视。

我认为最有效的方法，就是让对方知道你为他们做了什么。

顺便一提，作为你需要展示的能力。你在照片墙等社交平台上的粉丝数量，就像托福（TOEFL）考试的分数一样，将成为你重要的考量因素。换句话说，这些粉丝数也代表着对你的评价标准。

虽然有人会认为社交平台上的粉丝数量是隐私问题，但对于今后的企业来说，这种高扩散力、高共鸣性的人群，或网络技能优秀的人群，将与企业的营销能力息息相关。

因此，还没有开始做任何事的你，请赶紧开启社交账号，并掌握如何增加粉丝数的技巧吧。

也许在不远的将来，企业会根据社交账号粉丝数来选择员工，这也会成为一件很自然的事吧。

掌握方法　观看国外电视剧

拥有自我主张能力的方法有两个。

方法① 观看自我意识强烈的国外电视剧、电影

欣赏国外的商业电视剧、电影。例如美剧《金装律师》（*Suits*）、纪录片风格的《办公室》（*The Office*），电影《超大号美人》（*I FEEL PRETTY*）、《甜心先生》（*Jerry Maguire*）、《华尔街之狼》（*The Wolf of Wall Street*）等。

如今，在网飞和亚马逊上可以轻松收看国外电影和电视剧。《金装律师》是一部以纽约为背景，展现律师们为了事业而相互

竞争的电视剧。剧中人物坚定的自我信念，让人真切地感受到美国社会中展示自我的方法和特点。剧中他们面对上司时依然坚持自我的场面也是一大亮点。另外，在《甜心先生》中，汤姆·克鲁斯（Tom Cruise）从头到尾充满热情的演绎也非常值得一看。

在不断观看这种强调自我主张的电影或电视剧时，你会逐渐产生出"我也应该这样展示自己"或"应该在这个时候坚持自我"的感觉。总之，在享受乐趣的同时，要锻炼坚持自我主张的能力。

方法② 意识到那是意见还是反应

当你在说某件事的时候，要时刻意识到自己是在表达观点，还是只是在做出反应。

假如有人问你今天中午想吃什么，如果你回答"什么都可以"，那这就是反应。但如果你回答"昨天吃了味道比较重的中餐，所以今天想吃一些清淡的乌冬面"，那这就是意见。

提出意见就是表达自我主张的行为。因此，在平时生活中，要时刻意识到自己需要表达自我主张。这样当机会来临时，你就有能力做到坚持自我。

再举一个具体的例子，假如有同事问你如何看待那些想通过谄媚上司出人头地的家伙，如果你回答："嗯，人各有志，我觉得没什么。"虽然这看起来好像回答了问题，又好像没回答，但这确实也是一种自我意见的表达。

"不管用什么方法，为了家人一切都是值得的。"

"有时间拍马屁，不如脚踏实地地工作来获得成功。"

这些都属于自我意见。

掌握自我主张能力需要注意的问题

当然，并非所有事情都适合发表意见。考虑到人际关系，有时候保持反应而不去发表意见，这一点也非常重要。

例如，如果对方不是在征求意见，而是在寻求共鸣，那么你与他发生的正面交锋每次都会像是在争论，这很容易让人感到疲惫。

我有时也会这样，尤其是和我妻子对话的时候，我会经常不发表任何意见，只做基本反应。

所以今后，你一定要意识到你是在表达意见，还是只是在做出反应。

以上介绍的两种方法都不难。只要你想做，就一定可以做到。

技
能 **8** 管理能力

——机器人上司的时代不会到来

⚙ 技能定义　　**人员管理能力**

能够管理的东西可以是金钱、项目和其他许多方面，但本书中所写的"管理能力"指的是对人员的管理。就像企业中，领导上司管理下属那样。

我经常在自己的油管网频道里看到这样的评论："我的领导总是偏袒别人，让人生气，我宁愿看到一个公平的机器人代替他们。如果我的老板和经理可以被技术取代，那公司将会变得更好。"

但我认为，人员管理的能力在未来不但不会消失，还会越来越多地成为人们所需要的工作。

需要的理由　AI 无法承担任何责任

关键理由① 工作日益多样化

到 2030 年，人们的工作方式和工作理由将变得更加多样化。随着这种变化，人员的管理也会相继变得困难。

一直以来，工作方式的多样性并没有受到人们的重视，因为每家企业都有一个共识，即"工作就应该是这样的"。

因为每家公司和行业的工作方式、习惯都已传统化，所以管理并不难，我们只需要通过继承上级日积月累下来的管理方法即可应对。

比这种传统风气更抽象的是，当今社会中的人们认为职场人就应该是这样的。从上班时的问候到交换名片、下班、出差、委托工作的方式，或是和领导商量、表示意见时的礼仪，乃至参加欢迎、欢送会和酒会时的规矩，大家普遍认为"当今社会中的公司就是这样的"。

然而近年来，许多公司的工作方式变得更加多样化。比如公司内实行了自由办公制度，上班的时间也变得更加灵活，而且在不必要的情况下可以进行远程办公和网络会议。

特别是远程办公和网络会议，由于新冠疫情的影响而迅速得到了普及。

因此，越来越多的人不再需要早上到公司打卡，而是在家中登录工作软件并记录工作情况即可。

这表明工作者的意识也在发生着变化。

不像在办公室办公,大家都坐在同一间办公室里,即使没有多少信息交流,也能大致了解周围的情况。

而现在,你需要通过邮件和在聊天软件上聊天才能了解到发生的事。

随着不必与领导和同事见面就能轻松完成工作,人与人之间的交往方式也发生了巨大的变化。

例如我经常听一些客户提起,现在有员工想要辞职时,他们没有亲自递交辞职信,而是通过软件和邮件的方式通知领导。这种随意的做法让老板们感到不知所措。

在过去,大学体育专业毕业的员工,往往被认为有魄力、对上下级关系要求严格且彬彬有礼。但如今,即使是这些体育专业出来的员工,也会通过网络与公司联系,表示自己要请假或辞职,这大大影响了现在人员招聘的标准。

到底发生了什么呢?

这是因为工作者的选择变多了,而沟通方式和工作方式的选择都变得越来越多了。

另外,过去人们认为长期在同一家公司工作是件好事,而现在,人们意识到适当的跳槽是相当必要的,因为这样你才能提升自己的职业技能或找到更适合自己的工作。

也就是说,工作地点的选择也增加了。

这种趋势是无法阻挡的。

因此,文明的进化和多样性是一个整体。

事实上，与江户时代❶的日本人相比，现代人在任何情况下都拥有更多的选择。在江户时代，前往相邻城镇的唯一方式就是步行。而现在，我们有自行车、出租车、汽车和火车等多种选择。

即使我们不和那么久远的年代相比，现在也有许多选择。比如工作方式上不仅有全职员工，还有临时工、兼职、副业和自由职业者。工作场所方面也有许多选择，除了办公室之外，还有家里、咖啡馆、共享办公室和开放办公空间。

如果你在以远程办公为主的公司就职，在居住地方面就不需要考虑通勤问题。你可以住在任何地方。

人们对选择公司的标准和要求也变得越来越多样化了。

比如加班时间是多还是少？工作有没有价值和意义？工资给得多不多？或者可不可以远程办公等。

在工作性质方面，是否要与人会面？团队工作还是独立完成？是按吩咐办事还是自行安排？责任是轻还是重？

特别是随着科学技术的进步与传播，人们的行为模式和价值观都发生了迅速转变，从而使工作方式的选择也随之增加。

因此，为了管理人生观、价值观、生活以及工作方式更加多样化的人，我们需要更高的管理水平。

---

❶ 1603—1868 年，从庆长八年（1603 年）德川家康在江户（今东京）开创幕府开始，到明治维新（1868 年）结束，全长 265 年。——编者注

这意味着具有管理能力的人，他们的附加值会越来越高。

越来越多的人以"想要快乐的生活"为工作目的。但如果管理者一直重视的是"个人能力"，那么员工的管理问题，就不是一件容易的事情。

无论工作方式变得如何多样化，企业和组织都不会消失。既然它们会一直存在，那就仍然需要有人从事管理工作。

关键理由② 科技不会承担任何责任

当我在油管网上发表"人类的工作将会被技术取代"的预测时，许多人都在评论区发表了自己的观点："真的希望我现在的老板可以被技术取代""我希望有科技能取代那些政治家"……类似这样的观点和留言大量出现。

我理解大家的心情，但请先冷静一下。因为如果我们的老板和政治家都变成了机器人，那么任何事，它们都会冷血无情地寻求最佳解决方案，这样一定会引起更多不满。

也许现在的领导，确实可能会有很多让你不满意的地方。比如他更喜欢擅于拍马屁的同事而非工作能力更强的你，或者他说过的话总喜欢变来变去。

但是，如果换成了一个只会根据数据冷血决策的机器人，以后任何事都将失去酌情考虑的情况。哪怕结果与目标只差一分，它都会说："我对你的评价下降了。"

而如果对方是一个人类，他会告诉你："虽然目标没有达到，但我看到了你的付出和努力，这点不足就当作一个小小

的偏差，我认为你做得很好，继续努力。"

请问大家，哪个更好呢？

再举个例子，比如半年一次的人事评估。如果是机器人评估的情况下，它可能会对连续 4 次没有完成目标的员工机械性地判定为"无法获得升职和加薪"。但实际情况是，我们需要考虑更多的变量和原因。

如果是人类，他可能会对你说："你最近的状态似乎不太好，是有什么原因吗？一起去喝一杯聊聊吧。"或"从数据上看，你没有完成目标，而且是连续 4 次！但是，这最后一次你离成功只有一步之遥，从我的角度看到了你的努力。正所谓位置决定人，你应该有更好的表现，我们一致决定给你升职。"

人员管理并不是一件简单的事情。机器人做出的决定是理性、客观的，它不会受到情绪的影响，只会根据数据进行判断。如果是 49 和 51，它会毫不留情地选择 51，而无视 49 的努力和潜力。

因此，我们需要优秀的管理者，来筛选对象数据中遗漏的信息。（虽然他现在是"49"，但这个月来一直在努力进步，或许未来有很大的进步空间。）

在某些情况下，一些问题必须避开理性判断，只能通过让步、妥协和讨价还价等复杂程序来解决。

简而言之，人类就是一种非理性的生物。而且，科技会有重大缺陷，那就是不能承担责任。

身为人类的领导和政治家尽管不一定是完美的，但他们却可以承担责任，并且承担方式也取决于具体情况，比如在领导失职时，他们就可以采取某种形式来承担责任。

所以，他们对自己的决策非常重视，这也是他们能获得高薪的原因。

科技却无法承担责任。如果是技术原因导致的失误，那么则由操作人员，或采用该技术和开发该技术的人来负责。

在职场也是如此，例如用 ChatGPT 制作的资料出现了错误，ChatGPT 是无法承担责任的，所以采用该资料的员工和其领导就要被追究责任。

好好想一想吧！如果你甚至连自己制作的材料都没法负责，那这样的能力怎么可能成为一个管理人员。

因此，结论就是，提升管理能力之所以很难，是因为人们变得越来越多样化，而且不管今后科技如何发展，它对人类来说都是一项必要的技能。

📋 掌握方法　　需要做五项工作

掌握管理能力并非一件容易的事。

如果去书店，你会发现那里有很多介绍如何成为优秀经理、领导、管理者的书籍。

然而，我认为被称为领导的人只有五项工作要做。

－　指示目标

- 倾听与赞美
- 俯瞰
- 制定策略
- 承担责任

如果能做到以上五个方面，你就可以被称为理想的管理者并受到下属的尊敬。

以上这五个方面是非常重要的。特别是"倾听与赞美"和"俯瞰"这两项，所以在此我加以说明。

方法① 倾听与赞美

"倾听与赞美"的意思是，不要像领导一样只是单方面地提出建议。

当你站在领导的立场时，往往会片面地向下属提出建议，很容易就变成了强加给他人的感觉。所以，我在培训课程中经常建议大家做到"八成听，两成说"。

当有下属向你征求意见时，你可能会觉得"太好了，他愿意信赖我"，并准备开始滔滔不绝地给他建议。但是，你应该先抑制住这种冲动，学会先聆听他的问题。

然后，要有意识地去赞美别人。但当今社会的人很不习惯，也不擅长夸奖。

赞美的诀窍就在于，夸奖他人时要有针对性。

例如，当下属向客户展示了一个非常成功的方案时，领导会说："今天的工作处理得不错，你做得很好！"但这样的夸奖方式并不具体，下属的喜悦程度也会减半。

所以，你需要更具体的方式才能使其有效。例如："今天的项目展示非常成功，让客户听得津津有味。整个流程讲解得都非常透彻，特别是第四张幻灯片上的说明，客户的眼睛看上去都发光了！"

这样一来，受到表扬的下属就会因为自己的努力得到肯定而感到高兴。当他们意识到自己的努力和智慧得到回报时，就会有一种收获感。或许当时他们的心里正在想着："领导能注意到那张幻灯片我真的很高兴，因为我在那张幻灯片上花了很长时间。"

如果能做到这一点，你就是一名合格的领导。

方法② 俯瞰

"俯瞰"的意思是，将你的思考方式提升一个层次。稍微有点难理解吧。

在 2023 年的世界棒球经典赛（World Baseball Classic）上，日本代表队勇夺世界第一。然而在几场比赛中，有几名队员并没有取得好成绩。

对于这些队员，前辈达比修有告诉他们："人生才是最重要的，没有必要因为棒球而消沉。"

因为大家都是职业棒球手，像这种情况下一般都会从专业的角度提出一些诸如此类的建议："是不是应该再放松一下肩膀""试着边照镜子边练习动作，看看问题出在哪里""你对肢体的操控好像比平时要差一些"。

这是队友之间的建议，在公司来说就像同事之间的建议。

但达比修有所说的话，让他的思考方式上升了一个层次。

也就是说，人生比赢得棒球比赛（职业）更重要。

对于背负着国家荣誉的职业棒球选手而言，根本没法说出"棒球而已"这种话吧。可见他真的是真心为队友着想，是所有队友心目中的队长 ❶。

在他的建议下，那些因为成绩不佳而变得消沉的队友重新振作了起来。

那么，在职场中可能会出现哪些情况呢?

假设某公司正准备使用照片墙进行自家产品的推广活动。一天，公司的两位负责人在使用 A 或 B 的图片问题上，产生了分歧。由于彼此都不肯让步而陷入了僵局，于是，他们准备向你这个领导寻求建议。

如果这时你提出"我觉得 A 更符合我们产品的理念"的意见，那就是让自己站在了和员工相同的位置提出建议，这只不过是变相增加了第三名员工而已。

作为管理者，你需要"俯瞰全局"。因此你可以考虑以下建议:

---

❶ 时任教练的栗山英树并没有指定任何人担任队长，达比修有只是大家心中公认的队长。

- 说起来，除了这两张照片，你们就没有别的选择了吗？

- 比起照片，视频会不会更好一些？

再或者：

- 你们产生分歧的原因是什么？分析过竞争对手吗？而且现在是发布新动态的最佳时机吗？

- 到底有没有必要只选择在照片墙上进行推广活动？其他社交平台的促销效果如何？

更或者：

- 你们运营官方照片墙的目的是什么？如果现在把你们两个人的能力用在社交平台以外的地方，是否可以为公司增加销售额？

如果像这样一直追根问底，并从俯瞰的视角提出建议，你就能把思考的方式提高好几个层次。

掌握管理能力需要注意的问题

有一点值得注意。

有些人觉得自己逻辑清晰、智慧过人，并且身为领导是一件值得炫耀的事情。也许是受到最近驳倒热潮的影响，使他们误以为驳倒别人就可以提高自己的权威。

那些身处高位的人必须牢记，人类是一种非理性的生物。

"即使你是合理的、正确的，但你的有理有据更让我

在众人面前出丑！我不会服从你的，因为你让我感到不快。"人类就是这种生物。

驳倒是一种百害而无一利的行为，它只会使人留下怨恨。就这一点而言，管理者应该懂得最起码的礼仪。

表扬下属时要当众表扬，批评下属时要偷偷把他叫到没人的地方批评。

——自动翻译越普及，英语能力越重要

⚙ 技能定义　　可以做到使用英语交流

"英语很重要"这句话，很久以前就有无数人反复强调过，但这本书中，我还是想特意提一下"英语能力"。

你可能会问我为什么现在才说英语。在现在这个时代里，有可以自由翻译多种语言的 ChatGPT、便携式翻译器，还有手机上的许多翻译软件。就连专家也开始说："今后，随着 AI 的进步，翻译软件也会越来越先进，所以我们不需要再学习英语了。"

确实，随着 AI 技术的进步，人类已经摆脱了学习英语的艰辛，这确实是值得庆祝的地方。

但我相信，正因为在这样一个时代，能用英语进行交流的人，价值会更高。

☝ 需要的理由　有些方面是翻译软件无法弥补的

关键理由① 英语的价值是日语的 20 倍

首先，我们需要明白一个事实，日本的市场正在不断缩小。

日本的人口大约为 1.2 亿，而且还在不断减少中，但据预测数据显示，世界总人口将会增加到 80 至 100 亿。

还有一个事实，全世界已经有近 20 亿人在使用英语，我预计这个人数未来还会增加。也就是说，有日本人口 20 倍左右的人能用英语进行交流。

如果把这当作一个机会，那么能使用英语的人获得机会的概率就要高出不使用英语的人 20 倍，因此，遇到优秀商业伙伴的可能性也要高出 20 倍，找到好工作的可能性也要高出 20 倍，成功跳槽的可能性也要高出 20 倍。

不管是私下里遇到理想恋人或朋友，还是找到最佳兴趣的可能性，都要高出 20 倍。

虽然说得有点笼统，但我想表达的是，只要可以使用英语进行交流，那做成所有事情的机会就能增加数十倍。

虽然现在开始有点晚，但我也在拼命学习英语。

关键理由② 一句话里只有 7% 的内容

随着 AI 翻译能力不断提高，我们还需要学习英语吗？

人们总是喜欢寻找捷径。

这里，我希望大家了解一下梅拉宾法则。它是由美国心理学教授艾伯特·梅拉宾（Albert Mehrabian）根据实验结果提出的定律，这是一个极具说服力的定律。

当一个人说话时，所表达的信息只有 7% 取决于谈话的内容，而辅助表达的语气、声调等因素占了 38%，肢体动作和表情所占的比例则高达 55%（图 2-4）。

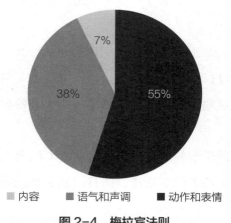

■ 内容　　■ 语气和声调　　■ 动作和表情

图 2-4　梅拉宾法则

这个实验结果确实令人震惊。也就是说，你的语言只传达了 7% 的信息，其余都是通过动作、表情和语气来传达的。

假设这一理论是正确的，那么使用只能处理语言的翻译器，就只有 7% 的信息可以被对方接收。实际上，人与人之间的交流，并不总是那么简单的。

但如果考虑的只是享受一番出国旅行，使用它点餐或问路的话，翻译器还是很实用的，这点毋庸置疑。

而作为商业交流的话，就不能依赖仅能传递 7% 信息的翻译器了，这无疑会让双方的关系变得尴尬。

此外，每次双方想要沟通时，都要依赖数码设备或耳机，用手机一边看画面一边说话也很麻烦。而且，沟通不仅限于工作中，在擦肩而过的时候，在吃饭、喝酒的时候，甚至在热闹得连翻译器都用不了的酒吧里，人们无时无刻不在交流。

如果这时候，你不需要使用数码设备就可以直接开始对话，岂不是很棒？

当一群人拿出翻译器，试图用那 7% 的信息进行尴尬交流时，而你可以做到直接用英语说："嗨，最近工作怎么样？项目进展顺利吗？对了，我找到了一家很好的餐厅，要不要一起去？"

使用共同理解的语言进行主动交流（包括表情和动作），显然更能增加两者的亲密感，而且信息和情感都能恰到好处地进行传达。

各位想象一下，一名外国人被调到你工作的场所并向你打招呼的场面。

第一个人拿出了便携式翻译器，用你听不懂的语言说了半天。然后翻译器中传来机器没有感情的合成声音："我叫麦克，我来自美国。从今天开始，我将在这里工作。请大家多多关照。"

而第二个人，虽然只有只言片语，但他夹杂着肢体动作,并面带笑容地努力说道:"我……是麦克,我来自美国。虽……然汉……语很难,但我在努力学习,请大家多多关照。"

如果是你,会怎么想呢?

亲自努力进行交流的人,一定会让人感到更加亲切,不是吗?

另外,在网络不通、电池耗尽,噪声或串音很大的情况下,翻译器也无能为力。

而且翻译器会让说者和听者之间产生一部分时间差,对于沟通来说,这种时间差实在令人感到不快。

也就是说,通过翻译器是无法进行充分交流的。

这样的结果就是,很难增进彼此的感情和信任。

因此,掌握英语是和外国人沟通并建立信任的必要条件。

掌握方法　　以多种方式进行学习

提高英语能力的途径(方法)有很多,但正如前面提到的,连我自己也正在学习,所以这里我是没有太多发言权的。

阅读专业人士撰写的书籍、参加英语会话培训班、留学,总之用适合自己的方法学习就可以了。

顺便说一下,我是通过网上课程学习英语的。因为这样可以在喜欢的时间里随时学习。

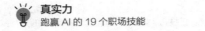

掌握英语能力需要注意的问题

　　我妻子在学生时代曾去美国留学一年。借着这个机会，她提高了英语能力。从她那里，我听说了许多关于留学时需要注意的问题。我知道即使到了国外，如果只是泡在当地的日本人圈子里，也不可能学好英语。

　　在像她一样出国留学的人中，由于寂寞和孤独，有些人选择只待在日本人的圈子中。即使过了三年，他们依然无法流利地使用英语交谈。这也许是因为他们的需求与她不同吧。

　　我妻子说，既然好不容易去留学了，就要鼓起勇气做好不跟当地日本人混在一起的打算。确实，既然已经选择了出国留学，那把自己放在一个每天都可以使用英语的环境中，这似乎是最有效的学习方法。

第三章

无法被 AI 替代的
"自我反思技能"

技能 10 自我恢复

——从失败中重新站起来的力量

⚙ 技能定义 **不因失败而气馁的精神**

"resilience"，在学术领域，它有时会被翻译为"恢复力"。但在本书中，我用"从失败中重新站起来的力量"这一含义来区分这一力量和普通恢复力的差别。下面我会直接将其描述为"高恢复力"或"低恢复力。"

恢复能力高的人在工作中失误后，回家睡一觉醒来就能意识到"昨天是昨天，今天是今天，从今天开始继续努力就好"，他们能马上恢复积极的心态。有些人甚至连一晚都不需要，他们30分钟后就能重新振作起来回归工作。工作中最好的状态就是这种"即使犯错也不会郁闷、失落"的精神。

相反，恢复能力低的人在被领导训斥后，晚上躺在床上会想"唉，明天不想去公司了"，以至于持续焦虑无法睡眠。等第二天早上醒来，还会带着昨天的消极情绪，并给上司发

邮件（而不是打电话）说"今天身体不舒服，请允许我请假休息"。

需要的理由　这将是一个更多人失败的时代

关键理由① 更频繁地遭遇失败

世界卫生组织（WHO）预测，2030 年最可能导致人类死亡的疾病是"抑郁症"（图 3-1）。这背后的一个重要原因是 AI 及其他技术的快速发展。

全球范围内造成疾病负担的十大主要原因（2004—2030 年）

2004 年 疾病或伤害	占伤残调 整生命年 的百分比	排名		排名	占伤残调 整生命年 的百分比	2030 年 疾病或伤害
下呼吸道感染	6.2	1		1	6.2	单相抑郁症
腹泻疾病	4.8	2		2	5.5	缺血性心脏病
单相抑郁症	4.3	3		3	4.9	道路交通事故
缺血性心脏病	4.1	4		4	4.3	脑血管疾病
艾滋病毒/艾滋病	3.8	5		5	3.8	慢性阻塞性肺疾病
脑血管病	3.1	6		6	3.2	下呼吸道感染
早产或出生体重不足	2.9	7		7	2.9	听力损失（成人发病）
出生窒息和产伤	2.7	8		8	2.7	屈光不正
道路交通事故	2.7	9		9	2.5	艾滋病毒/艾滋病
新生儿感染及其他	2.7	10		10	2.3	糖尿病
慢性阻塞性肺疾病	2.0	13		13	1.9	新生儿感染及其他
屈光不正	1.8	14		14	1.9	早产或出生体重不足
听力损失（成人发病）	1.8	15		15	1.9	出生窒息和产伤
糖尿病	1.3	19		19	1.6	腹泻疾病

图 3-1　世界卫生组织（WHO）预测资料

资料来源：《2004 年全球疾病负担评估报告》。

随着 ChatGPT 等生成式 AI 的出现，我们将进入一个更多业余爱好者通过技术进入专业领域的时代。

在商业世界，哪怕是之前在市场份额争夺战中一直取胜的公司，也有可能会被一个突然出现的新企业所取代，也许是因为这个新企业带来了全新的技术或商业模式。这就是我们所说的"游戏规则改变者"，这个时代充满了这样的变动性。

此外，随着流行病、国际冲突和气候变化等破坏社会稳定因素的增加，我们必须在不知何时会发生何事的情况下生活、工作，甚至投资。

我曾经出席过著名作家本田健先生的讲座。虽然我已经忘记了当时的原话，但在那次讲座上，本田先生表达了这样的意思：

"关于世界、社会和未来，我认为至少有两点是可以确定的。一是全世界的收入差距将会持续扩大；二是全球局势将变得更加不稳定。"

而事实上，世界的发展正如他预测的那样。正如我在本书"预测未来"部分所写的那样，由于世界形势的不稳定，未来自然更加难以预测。

这意味着过去有效的方法，今后未必还能奏效，人类遭遇失败的次数会越来越多。

我重申这一点是因为它真的很重要。

在一个没有先例的未来中挑战某事，因为可以参考的成

功案例很少，所以失败的次数自然会增加。

我们过去常常基于社会上的一些相关经验来行动，有一种"只要按这个步骤进行就会成功"的认知。但在未来，以往的成功经验可能不再适用。

要推动商业发展，就必须解决各种挑战，不断做出新的尝试。但今后，以往的正确答案将不再适用，无论做什么都会遭遇失败，而且失败的次数也会增加。

这样一来，会有越来越多的人觉得"已经不行了""我总是在失败"，从而患上心理疾病。

再比如，发达国家的人们可能会由于失去工作、收入骤减、劳动环境变差或无法适应科技进步等问题，开始质疑自己的价值。他们会问自己："我存在的意义到底是什么？"

正因为看到了这样的未来，世界卫生组织才会预测抑郁症将成为 2030 年人类的头号死亡原因。

关键理由② 不要被消极的情绪牵制

高恢复力不仅能使人从挫折中迅速站起来，而且它还带来了额外的好处。那就是，具有较高恢复力的人群会自然地汇集在一起，并展现出协同作用。

实不相瞒，我是一个恢复力很强的人。至少，我自己是这么认为的。

因此，我的周围更容易聚集这些恢复力很强的人，这也就是"人以群分"。

只要周围都是这样的人，那无论什么失败的糗事、愚蠢的行为、尴尬的经历，都能变成大家笑谈的话题。而且，这些话题并不会很快结束，通常会得出更多积极的新结论（或新的商业创意），从而使对话气氛变得更加热烈。

因此，只要大家聚在一起就会变得很开心。每次见面，都会聊得更起劲儿，并为下一次聚会积蓄能量。

当有些低恢复力的人接近你时，他们会被你坚强的意志所震撼，很快就不愿再与你联系。从另一个层面上说，你将不会被消极的情绪所牵制。

结果就是，你的每一天甚至你的人生将会变得很快乐。

📋 **掌握方法**　　**尝试做些不同于平常的事**

提高恢复力的方法恐怕只有一个，那就是不断经历失败。因为要想锻炼"从失败中重新站起来的能力"和"不畏惧任何失败的能力"，就只能不断经历失败。

方法① 走出舒适区

要有意识地逐渐走出舒适区，并养成这种习惯。

舒适区（comfort zone）在心理学上的意思是"一个没有压力和焦虑，能保持舒适精神状态的环境"。也就是说，这是一种无须付出太大努力，就可以轻松保持现状的状态。

我们会本能地不想离开舒适区，因为待在里面很放松，既不会经历失败，也不用辛苦挣扎。

但是，如果你一直待在舒适区内，你的恢复能力就不可能提高（图 3-2）。

图 3-2 舒适区、学习区、恐慌区

舒适区之外是学习区（learning zone）。这里是一个未知的世界，是一个用我们现有技能和知识无法应对的世界。恰好它就在舒适区的旁边，所以我们很容易踏入这个区域。

学习区的更外围则是恐慌区。在这个区域，你不仅无法利用现有的技能和知识，甚至还会感到不知所措。就像一个从未游过泳的人，不慎滑落进深水区的那种无力和惊慌失措，人们通常不会接近这个区域。

然而，正如我之前描述的那样，未来世界形势将是不稳定的，将是难以预料的。也就是说，被迫进入学习区和恐慌区的时代即将到来。

要想在这个时代提高自我恢复力，我们需要在日常生活中始终保持自己处于学习区。

这听起来可能有些困难，但请放心，只是一个小小的挑战，任何人都可以尝试。

我在企业员工的培训课程中提到过一些方法，其中有四种获得过大家的一致认可。

- 去一个新环境
- 结交新朋友
- 阅读新图书
- 品尝新东西

方法② 品尝新东西

其中我特别推荐的方法是"品尝新东西"。是不是很简单，马上就可以行动了？吃饭的时候，试着去一家从没去过的店，点一些从没点过的菜。

例如，如果有午饭时经常去的快餐店，就可以试着点一些之前虽然经常看见，但因为某种偏见而没有点过的菜；或者直接去这家店旁边从没进去过的店。

怎么样？没有那么困难对吧。如果通过这样发现了新的美食，那么跳出舒适区的挑战就会变得非常有趣。即使不幸遇到了不好吃的食物或走进了一家体验感不好的店，那也算是吸取了经验，经历了更多东西。

对许多人来说，他们会比较抵触"请离开舒适区"这句话。毕竟，这是在要求他们结束自己舒适的现状。

但实际上，走出舒适区可以从最简单的事情开始。即使是"去一个新环境"这种事，也可以小步尝试。试着在平时回家的路上稍微绕点儿路，试着去平时不常去的商业街购物，试着在公司的前一站下车步行，这些都是很简单的开始。

方法③　结交新朋友

"结交新朋友"也是一个有效的方法。试着参加你通常会拒绝的交流会，试着邀请其他部门的人一起聚会。这样，你就可以轻松走出舒适区。也许你会遇到意想不到的发现和乐趣。

还有很重要的一点，当这些小小的挑战已成为习惯后，不知不觉中，你就不再害怕离开舒适区了。

当实践过这四种我提出的方法后，大家都说："走出舒适区并不是一件痛苦的事，反而变得有趣起来了。"

就连接受培训公司的负责人也说："公司的氛围发生了很大的变化。我感觉大家的思维变得自由、开阔，充满了挑战精神。"

掌握自我恢复能力需要注意的问题

其实谈不上注意，只是一些简单的补充。即使读到这里，你可能还是会想去一家已经熟悉的饭店，或一家已经熟悉的酒吧。和以往的同事一边喝着同样的饮料，一边倾诉着对工作的不满，这些都是人之常情。

我能理解这种心情，因为待在舒适区里真的很轻松。

但请你至少意识到"最近没做什么新事情"或"我一直生活在舒适区"。

只要能意识到这些，你就会有勇气尝试一些新鲜事物，或做一些不同于平常的事。

如果感觉挑战换餐厅真的很困难，那么在超市购买水果时，可以试着买一种平时绝对不会买的水果。

最后，不要忘了表扬自己，因为你迈出了这样的一小步，努力走出了自己的舒适区。

自己的情绪一定要自己调整好。

技能 **11** 转型升级

—— 先人的经验也可能成为绊脚石

⚙ **技能定义**　**摒弃以往所有的成功经历**

在瞬息万变的现代社会，如果只局限于过去的成功经验和常识，可能就会做出错误的判断。

因此，你需要大幅改变自己的知识结构和思维模式。打个比方，这不像添加新的应用程序那么简单，而更像是对整个操作系统进行全面的更新升级。

这种能使自己的知识和思维发生巨大变化的能力，就是"转型升级"。

英国著名物理学家史蒂芬·霍金博士曾说过："智慧就是适应变化的能力。"用霍金博士的话来说就是，能够舍弃以往的成功，靠自己的力量升级大脑的人＝有智慧的人。

👆 需要的理由　善意的建议中或许潜伏着陷阱

关键理由① 过去的经验将成为未来的弊害

在当今社会，我们必须警惕来自领导和前辈的建议。这是因为过去的成功经验或许已经变得不再有用了。相反的，它还可能成为一些弊端。

为了避免这种弊端，美国的特斯拉和日本的 SOZOW❶ 都在进行实践。

特斯拉和 SOZOW 的相同之处在于，他们都积极招聘非本专业出身的人才。特斯拉虽然是电动汽车公司，但这家公司也从汽车行业以外的领域进行人员招聘。而 SOZOW 则是选择招聘教育行业以外的人。

他们这么做，是为了吸引那些不被"汽车应该这样""教育应该这样"的观念所束缚的人。要想做到创新，就需要有颠覆业界常识的新思路。为此，他们不需要那些被行业既定概念、习惯、以往经验所束缚的人。

企业自然也需要这样升级转型的能力。

因此，即使领导和前辈建议你"工作应该这样""人生就是这样"，但他们的经验，也很可能已经跟时代脱节了。如果

---

❶ SOZOW 是一所在线网校的名字，它让许多无法正常在校上课的孩子，可以在网上学习绘画、编程等自己喜欢的东西。

你感觉到他们的观念已经过时，即使表面上装作感激的样子，也不要把这些当真。

小心那些经常把"就应该……""通常情况下……""一般来说……"挂在嘴边的领导。请注意！如果你轻信了这些建议，那么 5 年后，你就可能成为被技术所取代的人。

关键理由② 人生需要更多的选择

换句话说，转型升级的能力就是认识到选择多样性的能力。那些建议你"工作就应该这样"的领导和前辈，他们除此之外并没有其他的选择。他们在一成不变的生活中，会不知不觉减弱自己的选择能力。

但是，孩子们却有很多选择，这是因为他们还没有被常识所束缚。前几天我 9 岁的女儿画了一幅表现鲸的画，鲸的身体是彩虹的颜色，背上还长着羽毛，这是成年人很难画出的画。

作为成年人，我们受到了常识的束缚，认为鲸的颜色和形状就应该是科普照片里那样的。

在职场中，人们的想法更是被进一步束缚着。例如，一位想发展新业务的销售人员，花了很长时间在办公室的电脑上寻找相关信息。而他的领导或前辈可能会对他说："为什么你每天都待在公司？销售人员不出门会有业务吗？"因此，他可能会被领导要求要走出办公室。

然而，世界早已发生了巨大变化。顾客可以在网络上主动查询他们想要的任何产品或服务，而不必同销售人员当面对接。

在现在这样的时代，如果还带着产品目录和报价去拜访，从客户的角度来看，无疑会因为被剥夺了宝贵的时间而感到不快。而明知客户"现在不需要"的情况下还去拜访，那完全是浪费金钱和时间。

如今，营销自动化（MA）工具应运而生。当我们在该工具中上传客户列表和客户数据时，它会分析出客户在网站上的点击记录及下载过的历史文件等，并告诉我们何时才是销售的时机和应该提出哪些建议。

像这样，通过适当的时机进行销售活动，成交率自然会提高。对比起来，"乱枪打鸟"或"听天由命"这样的销售活动都是非常低效的。

虽然最后还是要人出面，但在那之前不如先借助科技的力量，它将使销售人员的工作效率大大提高。

但如果不知道销售环境方面发生的变化和营销自动化工具，只是按照"销售全靠腿赚钱"这样的指示来行动，那无疑是一种对人生的浪费。

所以，我们需要转型升级的能力。

关键理由③　不要被错误的建议迷惑

2023 年 3 月 31 日，意大利宣布在国内禁止使用 ChatGPT[1]。

---

[1]　NHK："ChatGPT 因涉嫌违规收集数据，在意大利被暂时禁用"。

同年 4 月 20 日，日本鸟取县禁止在县业务中使用 ChatGPT❶。但是，这两者禁止使用 ChatGPT 的理由完全不同。

意大利禁止使用 ChatGPT 的理由是，它会泄露使用该软件的用户的个人数据。但在 ChatGPT 的开发商 OpenAI 采取措施后，禁令于同年 4 月 28 日就得以解除 ❷。

而鸟取县的知事认为："与其使用 ChatGPT，不如脚踏实地好好工作。"他们可笑地认为，比起使用 AI，人们集思广益的结果才会更显得民主。但事实是，政府职员使用的电脑已被限制无法使用 ChatGPT。

该县知事还说："即使问我哪个更重要，我也会说从充满乡土气息的基层收集的信息更有价值。关于地方的管理，需要大家在会议中讨论实际情况，然后才能得出答案，这就是地方自治。我们这里没有机器人的位置。"

在规划一个如何增加居住人口的项目时，如果让 ChatGPT 提供一些初步方案，再加上工作人员的整理和修改，可能几个小时甚至几十分钟就能完成。

但是该县知事似乎认为，让许多工作人员利用宝贵的工作时间聚集在会议室，花好几天时间一边开会一边制订方案，才是最有价值的。

---

❶ 《朝日数字新闻》："鸟取县禁止业务上使用 ChatGPT，意让人们脚踏实地"。

❷ NHK："意大利解除禁止使用 ChatGPT 的暂时性措施"。

这种想法早就已经过时了。

我认为，我们还是应该从 ChatGPT 那里获取思维的"种子"，以 AI 提供的众多构思为基础，然后大家再聚在一起进行讨论。

将技术提供的基础信息进行打磨，让它变成对人民有帮助的政策，然后再付诸实施。这才是人类该完成的工作。

同为地方自治县的神奈川县横须贺市，已经开始试验引入 ChatGPT。而日本农业部也开始计划将 ChatGPT 应用于政府工作。

期待鸟取县知事那样的人转型是很困难的，因为他有自己的成绩和成功经验。

我在本章节中所要表达的，并不是鼓励所有人都去转型，而是想告诉大家，不要完全信任那些顽固不化的人的建议。

就像前面所说，转型升级就意味着你认识到了选择的多样性，随着科技的发展，人们的选择会越来越多。

对于年轻人来说，他们的社会经验和人生阅历都比较少，所以在刚刚步入社会后，往往会认为领导和前辈说的话都是正确的。

但是，请务必注意那些提供建议的人，他们可能会让你忽视许多选择，甚至还会提供错误的建议。请牢记这一点。

📑 掌握方法　试着寻找意料之外的事物

方法① 参加跨行业交流会

要想掌握转型升级的能力，就要认识到选择的多样性。因此，在职场上，与其他公司或不同行业的人交流是十分有效的。例如，参加跨行业交流会等。

如果你只和自己公司的领导、前辈、同事接触的话，会觉得这个行业就是这样的，或者这个工作就是这样的。你会认为这个狭小的世界似乎就是全世界。

但是，当你开始与其他公司或不同行业的人接触时，也许你会想："原来还有这种方法"或者"这种方法或许可以应用到我的行业"，继而意识到"原来世界是朝着那个方向发展的"。这样，你就能从那个狭小的世界中走出来，看到一个有更多选择的世界。

这样一来，你就有更多的机会来升级你的大脑，并提出更多创新的想法。

方法② 到国外去

在私人生活中，要试着去一些你通常不会去的地方，这里我特别推荐出国旅行。到国外去，感受各种不曾见识过的文化。文化冲击是一个很好的刺激，它可以增加你的选择能力。

我去马来西亚的时候，看到星巴克店员戴着一种面纱（头巾）。这是妇女佩戴的一种特殊服饰。

一开始我觉得这很可怕，但后来，我意识到这里存在着各种各样的文化。这使我再次思考，一个具有多样性的社会意味着什么。

到了休息时间，那些店员们不像日本店员一样，必须退到后厨休息。他们坐到了顾客席上，一边喝着咖啡一边比谁都大声地打着电话。如果在日本，这种情况一定会被投诉到总部。但据我观察，其他顾客并没有因此感到困扰，就好像这是他们的日常生活。

另一次，是我去美国的时候。当时我在超市的货架前想挑选一罐果汁，有一位男性顾客径直走到旁边的货架，拿起一瓶果汁当场就打开喝了起来。

——什么？他不是还没付款吗？

于是，我跟着那位男性顾客，心想这一定是偷盗。在收银台前，这位男性顾客将喝完的空罐递给了收银员，收银员扫描了罐子上的条码后告诉他价格，这位顾客理所当然地付了钱然后离开了。

——这样也行？

这对我来说是一个巨大的冲击。后来我才知道，这在美国是非常普遍的景象，像薯片、冰激凌这类食物，他们都会在结账前就打开吃。然后再去收银台结账。

因为确实结了账，所以这不是偷东西。

它们的区别只在于是先付钱后吃、吃完后付钱，还是边吃边付钱。

还有去新加坡的时候，我看到有孩子在晚上放烟花。起初我以为是什么节日，后来发现每天都有。但对日本人来说，到了晚上就一定要安静下来，这是日本人的常识。

我举这些例子的目的，并不是想说明他们是否违反了礼仪。只是因为知道了这些行为和想法在日本以外的国家很常见，就彻底摧毁了自己多年的常识和观念。这听起来可能有些夸张，但正是这种对固有观念的重新构建和破坏，才是引发大脑全面转型的契机。毕加索有句名言：创造始于破坏。

当返回自己的国家后，你就会发现自己的选择能力提高。那些原本认为自己不可能做的事，现在也达到了敢于尝试的程度。

无论最终是否尝试过，你的思考方式其实已经变得更加灵活。为了让大脑完成这种转型，我们还必须适当放弃以往的成功经验和常识。关于这种"舍弃"的能力，我会在另一个章节中详细讲解。

方法③ 尝试不同的事情

尝试不同的事情可以让你认识到自己有更多的选择。首先一点，就是要拒绝捷径，绕道而行。

例如，如果你想在某一领域取得成功，那你就不应该只专注于该领域的学习和训练，而是应该有意识地去探索和研究其他不同领域。强迫自己利用"绕道"的方式，成为一个真正知识渊博的专家。

关于这一点，在之前介绍的《成长的边界》一书中，提到了以下内容：

"那些较早确定长大后要从事的行业的人，在大学毕业后的一段时间内，会比未确定行业的人收入要高。而那些渐渐才确定长大后要从事的行业的人，会找到更适合自己性格的技能和工作。因此，他们很快便能迎头赶上。另外多项研究表明，在技术开发工作中，拥有多个领域知识的人，比只在一个领域深入钻研的人更具创新性和影响力。"

据说谷歌有一项"20% 制度"，该制度允许员工可以用20% 的工作时间，做规定工作以外的任何事情。

无论你是一名多么优秀的员工，把 100% 的时间都花在固定工作上，就可能会被以往的成功所困。因此，谷歌制定了这项制度，让你在这 20% 的时间里忘掉现在的工作。

我认为谷歌制定这项制度的原因，是想让员工的思维保持活跃，从而随时可以进行转型升级。

掌握转型升级能力需要注意的问题

在《成长的边界》一书中，还介绍了关于只深入研究单一领域风险的研究结果：

"随着专业化趋势的不断发展，出现了所谓的平行沟渠系统。这意味着，我们每个人都专注于把自己的沟渠挖得更深。但可能会因此忽略一个事实，那就是在我们旁边，甚至就在相邻的沟渠中，就存在着我们需要的答案，但我们却始终没有站起来去观察它。"

这里所提到的"沟渠"就是我所说的"过去的成功经历"。如果只专注于挖掘它，就没有办法发现旁边的事物。

我认为这个观点非常正确。

技能 12 自我责任感

——当今社会，人们总想把责任推给别人

⚙ 技能定义　　首先要学会对自己负责

无论在工作还是生活中，我们会遇到各种各样的麻烦。当遇到问题时，不要条件反射般地就想把责任推给别人、推给这个世界或任何因素，而是要首先考虑自己是否也有责任，这就是被称为"自我责任感"的技能。

如果你养成了总是向他人推卸责任的习惯，那么你遇到的问题就会反复出现，自己也无法成长。

👆 需要的理由　　只想着归咎于他人，那一切都不会得到改善

关键理由① 不平等现象日益加剧，但你总想在其他地方寻找原因

随着 AI 与其他技术越来越多地进入社会，那些少数能够

熟练使用技术的人，与部分工作被技术取代甚至夺走的人之间，差距会愈发明显。

根据美国 2019 年的统计，美国总财富的 72% 掌握在 10% 的人手里。

我认为政治的作用就是帮助弱者，但实际上是否做到就另当别论了。"经济"一词的本义出自中国古代典籍，文中的原句是"经世济民"，意思是使社会繁荣，百姓安居。

也就是说，如果世界上的贫富差距持续扩大，社会就会变得不稳定。所以我认为，如果政治真的可以发挥作用，那无论哪个国家的政治家，都会努力缩小本国人民的贫富差距。

即使各国都在努力采取措施，来缩小本国的贫富差距，但实际上恐怕效果没有那么好。关于这一点，我是持悲观态度的。

为什么我这么肯定呢？因为可以预见，以 AI 为代表的新型技术，会让那些擅于利用这些技术的人获得更高的报酬；而那些无法适应新技术的人，要么会丢掉工作，要么会流向收入更低的工作岗位。

我相信，那些对生活愈发不满的人，会越来越倾向于把自己的问题归咎于他人——他们会把自己的失业归咎于科技创造者和利用科技赚钱的人，会归咎于收入分配政策不够完善的政府。

关键理由② 岗位型雇用制的普及，使评估标准变得更加严格

随着岗位型雇用制（区别于终身雇用制）的普及，能力将变得比学历和工作经历更重要。像以前那样只是每天辛苦完成分内工作，是很难得到重视的。

今后，企业对个人的评价标准，将是你拥有什么技能，可以从事何种工作。

有些人时常会感到自己不被重视，薪资的增长也很缓慢。当他们无法寻找到工作的意义，或觉得自己的薪资与付出的努力不相符时，他们便趋向于将这一切归咎于科技的发展。他们会认为，这是盲目追求利益的资本家和企业在过度压榨他们。

他们还会把责任推卸给身边的人，认为领导不好、同事不好、下属不好、客户不好，甚至是丈夫或妻子不好。

比起寻找原因，他们更想把责任直接归咎于他人。

就像那句话一样，贫穷的人会变得越来越贫穷。因为就像我所提到的！只想着把错误归咎于他人，那一切都不会得到改善和提高。

推卸责任会成为一种习惯。当有问题出现时，你会不由自主地先去寻找他人的问题，而不是自己的。

结果就是，他们放弃了自我成长的机会，变得不再有动力提高自己。因为他们认为自己"没有错"。

但如果此刻，你能好好反思一下自己，并意识到这个情况真的需要自己承担责任。也许，你就能思考出改善这种情况的策略，并将这些策略付诸行动。

最终，你将得到新的成长。

例如，你在工作时勤奋努力，却总是得不到认可或加薪，并且感觉工作很无聊。如果你因此得出结论，这些都是因为老板或公司不好导致的，那么你现在眼前的一切，都将变得毫无意义。

然而，当你开始反思"问题的根源会不会在我自己身上"时，这种想法就可以使你从不同的视角看待问题，一些新的想法也会浮现在脑海里。

比如：

"是不是我的工作方法需要改进？"

"是不是我的表现还不够突出？"

"为什么我的同事们，大家都那么开心地在工作呢？下次我应该约某一位去喝一杯，然后请教一下。"

或者是：

"虽然隐约意识到自己并不适合这个部门，但我觉得部门调动的申请很麻烦，现在看来，还是早点去提出比较好。"

"当初就选错了公司，是不是该考虑换个工作了？"

当你换个角度来思考，可能就会得到这些改善当前状况的对策。这样一来，你就会得出一个结论：不论原因为何，我们必须不断成长。

如果真像这样的话，我们就需要提高自己的工作效率，并增强在本书中提到过的"自我主张"。例如，为了实现部门调动，我们可能需要展示一些相关能力，并取得相关资格证书。

这些都是十分有效的方法。

如果是更换工作，我们则需要收集和分析不同行业和公司的信息，并学会提高自己的市场价值。

📝 掌握方法　区分自己的问题与他人的问题

关于如何拥有责任感，我有两个建议。

方法① 训练自己区分问题的能力

在生活中遇到困难或在工作中遇到麻烦的时候，要有意识地区分是自己的问题还是他人的问题。

有句谚语叫作：牵马到河易，强马饮水难。

这句话的意思是，人很容易就可以用绳子把马牵到水边，但马喝不喝水是它自己的问题。不管你跟马说接下来是一段如何漫长的旅程，但如果它自己不觉得渴，它就一定不会喝。即使你再焦虑、再强迫它也没有用。

所以，你必须分清楚哪些问题是自己能够解决的，哪些问题是自己无法解决的。

假如你是一名销售人员，你的潜在客户向你表示："我会认真考虑的。"也许当时你会觉得:"这次有机会,可能过几天真的能谈成合同。"但出乎意料的是,由于受到一些外力的影响,这个潜在客户的公司不幸破产了。

如果因此没有谈成合同,那也是没有办法的事。请不必太过自责和沮丧,因为这不是你能解决的问题,请一定将两者区分开。

对于这些明显超出自己控制范围的问题,我们不需要过分焦虑,因为这并不是自己的责任。这时,请发挥本书中提到的"自我恢复"能力(从失败中重新振作起来的力量)淡然面对此事,把精力重新投入下一步的工作。

但是,另一种情况该如何应对呢?

我们假设对方并没有破产。本以为可以顺利签下合同的你,有一天却收到了被拒绝的消息。

当你询问对方为什么没有选择自己时,他们可能会说:"真是抱歉,我们决定与另一家公司签订合同,因为他们帮助我的公司找到了问题,并给出了细致的建议。"

虽然从结果来看,都是没有拿到合同,但我们是否可以像对方破产时一样,把责任归咎于其他因素呢?

我认为不可以。正是在这样的时刻,我们才越要考虑自身的原因。

乍一看,好像确实是对方的责任,因为销售工作已经完成,签不签合同确实取决于对方。但对销售自己来说,真的把自己该做的事都做完了吗?

以下这些自我反思，正是拥有责任感的体现：

－ 站在客户的角度出发，有没有彻底为他们解决问题？

－ 销售方案是否做到了完美无缺？

－ 自己是否只是简单完成了销售流程？

－ 是否自从客户说过要认真考虑之后，就以为合同已经
定下来了，所以后续也没有继续跟进？

如果只想着把责任推卸给他人，认为"当初提出方案的
时候，明明客户已经摆出了一副要签约的样子，真是个不靠
谱的人"，那么，下次你遇到同样的问题，还会同样遭遇被拒
绝的情形。

但是，如果把问题的责任归咎于自己，那么下次就可以
站在客户的角度思考。找出他们所面临的问题，以及提出建
议和方案来解决这些问题，继而使自己得到成长。

我再举一个例子。

假设你经营着一家规模不大的翻译公司。最近，公司的
业务量在明显减少。于是你向客户问起了原因，结果所有人
都告诉你："使用 ChatGPT 就能完成大部分翻译工作，只需要
后期再稍微修改一下就行，所以不需要再委托翻译公司了。"

"你知道我学了多久外语，磨炼了多少技能，才能靠这个
行业养活自己吗？我恨 AI！我恨科技！"这样的责备并不会
改变任何事，AI 的出现，将预示着现有翻译行业的改变，这
是很久以前就被人们讨论过的话题。

因此，我们可以将翻译这个行业特殊化。尤其是某些专

业领域的翻译，即使使用相同的 AI，你也可以通过对专业知识和 AI 的熟练运用，来实现更高精准度的翻译，从而实现低成本和快速交付。

假如我所经营的翻译公司，接到了一些翻译菜单的委托。那么，我将不仅限于完成这些工作，可能还会顺便考虑公司的转型问题。比如向客户提供一份会让外国游客产生购买欲望的菜单设计方案，其中包含极具吸引力的菜品照片和菜名，以及可以让游客驻足的店铺招牌。

这样一来，你就可以将公司从一家普通的翻译公司，转变为可以为客户解决问题的高附加值翻译公司。在与技术竞争的过程中，公司的收入不仅不会下降，甚至还可能提高。请发挥本书中提到的问题发现能力，去发现并解决客户的问题。

餐馆的本意并不是单纯地想准备英文菜单，而是想从入境旅游的游客身上获利，我们不能忽视了这个本质。

方法② 始终做最坏的打算

要始终假设最糟糕的情况。一旦大脑设想了最坏的情况，你就会自然地开始考虑对策，这种方法可以提高自身大脑的工作效率。

以刚才提到的销售故事为例，虽然客户表示会认真考虑，但并没有承诺一定会签合同。如果我们一开始就做过最坏的打算，就可以提前制订新的计划，说不定结果就会因此改变。

　　比如，我们可以采取一些其他措施。例如主动与其他潜在客户进行联系，试图寻求新的合作机会。这样的话，即使前面的合作没有谈成，也能够最大限度地完成自己的销售指标。

　　一旦你养成了事事都做最坏打算的习惯，就会自动激活一种时刻考虑自身负责的思维模式。这种模式会时刻保持运作，犹如一块强大的磁铁在不断吸引着它。

掌握自我负责能力需要注意的问题

　　在培养自我责任感的过程中，需要稍微注意一点，那就是不要在训练中做得过于积极，而把所有的责任都归咎于自己。

　　在本书的"自我恢复"章节中，我们已经谈到，由于未来世界变得难以预测，人们失败的概率也会增加，很多事情也会变得越来越不容易完成。

　　如果每次失败都把责任归咎于自己，你可能会因此患上精神疾病。特别是那些自我意识较高的人，要尤为注意。

　　所以在某些情况下，人们也需要适当地"逃避"。但一定要注意两者之间的平衡，并利用它帮助自己成长。

技能 **13** 批判性思维

——敢于质疑信息的正确性

⚙ **技能定义** **学会质疑信息，不盲目相信并坚持自我调查**

正如我在"一手信息收集能力"章节提到的，我们常常会轻信网络、电视、报纸、杂志，甚至有时候是书籍中获得的二手、三手信息。尤其是那些从网络新闻、社交平台、电视新闻或评论员那里获得的信息。

这个世界上充斥着大量可疑的信息。当接触到这些信息时，你必须保持警觉，并带着质疑的态度去看待它们。例如："信息是正确的吗？""有什么可靠的依据吗？""发布这些信息有什么目的？"等。

这就是被称为"批判性思维"的能力。

👆 需要的理由　人类和 AI 都会说谎

关键理由① AI 可能会悄无声息地编造谎言

如今，人们接收信息的工具变得多种多样，信息也泛滥成灾。特别是今后，由 AI 生成的真假难辨的信息会大量出现。

即使是可信度较高的报纸、杂志和书籍，也无法保证其绝对的准确性。电视节目中的信息，更会受到赞助商的制约而变得有所偏颇；新闻媒体的报道，也可能会存在故意误导的情况。

也就是说，所有信息都值得怀疑。

因此，要想判断信息的准确性和可信度，批判性思维就是一种必要的思维。

critical thinking 被翻译为"批判性思维"。这是一种能力或思维方式，它通过对事物的多角度审视，以客观和有逻辑的方式重新理解事物，而不是以不假思索的态度直接接受事物。

好像有点复杂，简单来说，"批判性思维"就是经常质疑某事"是真的吗？"的能力。

虽然 AI 是一项使用起来非常方便的技术，但是我们必须对其提供的结果持怀疑态度。例如，美国就曾发生过一起 AI 可靠性受到质疑的报道。

事件中，一位名为史蒂文·施瓦茨（Steven Schwartz）的纽约律师，向法庭提供了由 ChatGPT 生成的虚构案例和判决。

该案件的委托方是于 2019 年搭乘哥伦比亚航空公司飞机的一名乘客。这名男子声称自己在搭乘该航班飞往纽约的途中，因乘务人员的疏忽导致自己被客舱内的推车撞伤。于是，他将航空公司告上了法庭。

纽约联邦法院对施瓦茨提出的 6 个案例进行调查后发现，从这些案件本身，再到司法判决和内部引文，全都是假的。当法官追问这些资料的来源时，得到的答复竟然是，这些虚假的案例全部来源于 ChatGPT。

这件事成了一个热门话题，施瓦茨律师也因此被处以罚款。在"管理能力"一章中，我曾说过："即使技术出错，它也不会承担责任，真正需要承担责任的是使用和开发这项技术的人。"而事实也正是如此。

也许施瓦茨先生已经向 ChatGPT 询问过案例的真实性，并且得到了肯定的答复。AI 必定告诉了他，这些案例都是可以在数据库中查询到的。施瓦茨先生表示，他以前从未将 ChatGPT 作为信息来源，因此，他并没有考虑到 AI 提供的信息可能是虚假的。

这就是 AI 的可怕之处，它可能会悄无声息地编造谎言。所以，我们必须掌握批判性思维的力量，时刻质问自己"这个信息是真实的吗？"，并亲自确认信息的来源。

关键理由② 可疑文章的传播量增加

尽管 AI 所生成的文章非常出色，但总有人认为要小心这些东西。因为你很难区分哪些是由人类所写的文章，哪些是由 AI 所写的文章。也就是说，你无法辨别文章的准确性。

但我认为，这个意见是毫无意义的。

这篇文章是 AI 写的还是人写的根本不重要。无论是谁写的文章，我们只需要去质疑信息的可信度并进行调查核实就够了。

因为人也会犯错，也会故意编造谎言。尤其是那些近年来，网络写作热潮中出现的被称为"被炉❶写手"的人群。他们会从网络上收集不可靠的信息，然后将其进行拼接，制作成新的文章。如果是这样的话，由人类所写的文章反而更有可能存在问题。

"被炉写手"是一种讽刺的称呼，指的是那些不进行实际调查掌握一手信息，而是从网络、社交平台、各类媒体上获取情报来撰写文章的创作者。这些人写的文章也被称为"被炉报道"。

并非只有"被炉写手"会创作出可疑的报道。即使是那些专业作家、记者或新闻工作者，如果他们的采访对象性格偏执，或者自己错误地解读了一手信息，那么，他们同样会

---

❶ 冬天使用的，日本独特的生活用品。——编者注

写出可疑的报道。

因此，这不是一场"技术与人"的争论，而是从现在开始，除了已存在的那些可疑信息来源，科学技术也将成为新的可疑信息来源。也就是说，可疑信息的传播量将呈爆炸式增长，这才是问题所在。

所以，我们更需要磨炼批判性思维。

关键理由③ **我们被教育要相信大人的话**

对于社会上流通的信息，我们可能会倾向于不加批判地直接接受。我想这可能与我们从小受到的教育或管教有关。

很多孩子从小就被大人们教育"要听父母的话""要听老师的话""要听哥哥（姐姐）或长辈的话"。

但这样完全正确吗？

掌握方法 **关注相反的意见**

批判性思维是我们应该立即掌握，并付诸实践的技能。它可以帮助你尽快识别那些可疑的信息。

在此，我将以初级、中级、高级、超高级四种级别，来介绍如何掌握批判性思维。

方法① **初级　有意识地接触相反意见**

首先是初级方法，我们需要有意识地接触那些与我们所喜欢的创作者或名人意见相反的信息。

如果我们只接触自己喜欢的观点和信息，那很快你就会陷入"回声室"现象，会误以为自己认同的观点和信息就是世界的主流。所以，我们需要主动去接触一些相反的观点和不同的信息。

需要注意的是，不要无休止地追求这些相反的观点和信息，只在必要的时候能做到就足够了。否则，你的时间都将花在此事上面。

此方法目的在于，让你养成如何从多角度和多方面看待事物的习惯。

方法② 中级 参与辩论

其次是中级方法——辩论。现在有许多面向企业和个人的现场辩论会或在线辩论学习会，大家可以去查询一下。

需要注意的是，辩论并不是双方为自己的观点进行辩驳争论这么简单，而是人们会被分为赞成和反对两组，围绕着特定的主题和结论进行辩论。但此时并不是根据每个人的真实意见或观点来进行划分的。无论个人意愿如何，都会被强制分配到赞成或反对的一方，这正是辩论的关键所在。

被分配到赞成方的人，无论自己本身的意见如何，都必须提出赞成的观点。被分配到反对方的人也是一样的。

假如，当你正在进行一场关于"是否应该在工作中引入ChatGPT"的辩论时，即使你已经使用过并且赞成引入，但

如果被分配到反对的一方，你也必须提出反对的意见和理由，这就是辩论的规则。

通过这种参与辩论的方法，我们可以从两个角度来看待事物的本质。

方法③　高级　制定自己立身处世的原则

接下来是高级方法。我们应该为自己的工作和生活方式制定一个原则。也就是说，我们要有自己判断事物的准则和立场。

当我们面对某些问题或困扰时，必须依靠现有的信息来做出判断。之所以会感到迷惑，是因为你还没有建立自己的原则。如果没有原则，即使去尝试收集信息做出判断，也会因为认知不足而止步。

在电视等媒体上，有些人不管被问到什么问题，都能立即发表自己的意见和观点。可能有人觉得，能毫不犹豫回答任何问题的人真是太厉害了。

之所以他们面对任何问题，都能立即发表自己的观点，并不是因为他们知识渊博，而是因为他们有属于自己的原则和立场。连自己立场都摇摆不定的人，无论被问到什么，都会陷入"嗯，这件事我不太确定"的状态。

The Breakthrough Company GO 的公司代表三浦崇宏先生，在其著作《言语力：用有效语言瞬间打动人心》中说过这样的话：

如果我的孩子问我:"是否赞成他早点接触手机?"我会立刻告诉他:"我赞成。"

三浦先生并不是儿童脑科学或教育行业的专家,也没有多名子女的教育经历,更没有调查比对过手机对儿童成长状况的影响。也就是说,他在这个问题上并没有什么相关知识。

之所以三浦先生能毫不犹豫地做出回答,是因为他有一个自己的生活原则,就是无论如何都要尽快接触最新科技,这样,才能保证自身的灵活性和适应性。

我认为这需要非常坚定的信念。

假如电视上出现了一位自称教育专家的人,他声称手机可能会对孩子的成长产生负面影响,那么,看到这个节目的人可能会单纯地认为:"原来如此,即使孩子对手机等数码设备感兴趣,也要避免让他们接触。"

然而到了第二天,他们在杂志上又看到另一位专家的观点:"假如孩子从小并未接触过手机等智能设备,那么未来,他们可能会抗拒与之相关的技能。"这些人可能很快又会陷入犹豫,心想"似乎确实应该早些让孩子适应这些东西"。

我在前面提到了接触相反意见的重要性,但如果在此基础上,再加上些许自我原则,你就能更具批判性地看待事情。如果没有一个自己的原则,我们往往会遵循当时的情绪,即使是与自己相反的意见,但只要是来自名人或专家,我们也容易不假思索地接受。

这个时候,自己的观点是否正确是次要的,重要的是,

我们要保持怀疑的态度。这样一来，我们的思维就会进入下一个阶段，你会产生许多想法，例如：

"他和我的观点存在差异，他这么说有什么依据吗？"

"啊，原来是这样。我的想法果然不对，我得改变一下。"

这样你就能更容易发现自身的错误。

对于那些思维不清晰的人来说，他们无法区分自己与其他人意见上的差异，所以也不会意识到自己的错误。

方法④　超高级 质疑自己

最后是超高级方法，学会质疑自己。

批判性思维会对所有信息持怀疑态度，但我们难免会有忘记的对象，那就是自己的意识。

批判性思维是一种具有质疑与反驳倾向的思维方式。但是，这种质疑与反驳是理性的，它不以单纯地否定为目的，所以，批判的对象也应该包含我们自己的思想。

心理学家 E. B. 泽克迈斯特与 J. E. 约翰逊合著的《批判性思维》一书中称，虽然我们并未真正理解某事，但有一种"自以为理解了"的感觉，这种现象就是"假知现象"。而出现这种现象的原因就是"默认假设"。

"默认假设"指的是，我们会假设自己已经正确地理解了某事，直到有人提醒，否则，我们会一直处于这种假设中。并且由于自身缺乏质疑能力，可能还会停止对正确理解的探索。

假设你正在阅读一篇文章，可读到一半的时候，就认为自己已经理解了事件的全部内容。尽管文章末尾可能提到了与你不同的观点，你却无法意识到这个观点的不同。

书中还提到，我们无法深入思考的原因不是因为我们进行了"有条件地思考"，而是我们进行了"绝对化思考"。而且，"有条件地思考"和"绝对化思考"都很容易被他人诱导。

此书还介绍了哈佛大学进行的一项实验。

该实验中，研究人员将多名大学生分为两组。首先，他们向其中一组展示了一个橡胶制品，并向他们肯定地说明"这是给狗的玩具"。之后，他们向另一组展示了相同的橡胶制品，但给出了具有条件性的说明："这可能是给狗的玩具。"

随后，研究人员在每个小组中，都假装因为没有橡皮而感到困扰，并询问学生们"怎么办才好"。对于得到了确切说明的第一组学生，他们当中没有一个人能提出解决方案。在得到条件性说明的第二组学生中，约 40% 的学生提出了建议："试试那个橡胶条能不能代替橡皮。"

这确实是个有趣的实验。或许我们正是这样被自己的思维束缚着。在掌握批判性思维的最终方法中，我希望你能拥有质疑自己的能力。

我办公室的墙上贴着爱因斯坦说过的一句话"常识就是人在 18 岁以前所累积的各种偏见"。"18 岁之前"应该指的是从学校毕业之前的意思，我认为这句话说得很好，我一直

铭记在心。

掌握批判性思维需要注意的问题

当我在油管网上发布有关预测未来的视频时，我会收到各种各样的评论。其中，最常见的几条就是："未来我应该去考哪些资格证书？"或"为了确保稳定的生活，我应该考虑从事哪个行业？"

写下这些评论的人，是希望有人能给他们正确答案吧。但我会告诉他们："我并不能给出他们答案。"

我认为最重要的，就是亲自去寻找最适合自己的答案，而不是期待别人给你答案。

每个人的适应性、性格、擅长与不擅长的东西、喜欢和厌恶、对工作的追求、期望的工资，都是各不相同的。而且，随着今后社会变化的愈发激烈，在这种到处充满未知因素的情况下，是没有所谓的正确答案的。

这类人原先看待事物时并没有批判性。然而，在看完我在油管网上发布的视频之后，他们就可以获得灵感和启发！接着，只需要再发挥本书中提到的"自我责任感"的能力，就可以确保自己能够进行思考和行动了。

既不改变想法，也不改变行动，总想着寻求正确答案，总想着依赖他人。这样的话，如果事情不顺利，就可以把责任归咎于提出建议的人。这就是自我责任感不强的表现。

当一位所谓的领导者说"这就是人生的正确答案!""你应该这样去做!"时,这些不能用批判性思维进行思考的人,可能就会完全按照对方所说的去做。我认为这是一件十分可怕的事情。

在这个前途未卜的世界里,那些到处宣称"只要按照我说的去做,你就能更接近人生的正确答案"的组织会越来越多,为了不被这样的组织欺骗,拥有批判性思维真的很重要。

技能 **14** 阅读能力

——读书相当于自学

⚙ **技能定义**　　**养成阅读的习惯**

我们经常听说"读书很重要"。而现在，你是不是认为连友村（作者）也要开始谈论读书的重要性了。

当阅读完以下内容，我想你应该就能理解，为什么我现在才开始提到读书很重要。

所谓"阅读能力"，就是"通过阅读书籍达到自学目的"的能力。同时，它也可以使你保持阅读习惯。

阅读主要包括：

小说、散文等，以娱乐和消遣为目的的阅读。

启蒙书、历史书、哲学书等，以提高修养为目的的阅读。

工具书、商业书等，以追求实用性为目的的阅读。

以及自我启发、经济技术、科技、商业等，以观察社会动向为目的的阅读。

而本章节需要提高阅读能力的对象，正是那些为了获得实用知识或了解世界发展趋势的人。

👆 需要的理由　**或许解决烦恼的方法已在书中**

关键理由① 不可靠的信息开始泛滥成灾

经济学家野口悠纪雄先生在《现代商业》中投稿的专栏文章《感谢生成式 AI，它也许会使衰落的报纸和电视节目"逆境重生"》中，将生成式 AI 可能造成的各种低质量信息的流通现象，比喻为"烂柠檬流通"。

这个比喻引用了美国诺贝尔经济学奖获得者，乔治·A. 阿克尔洛夫（George A. Akerlof）在 1970 年的论文《柠檬市场：质量的不确定性和市场机制》（ *The Markets for "Lemons": Quality Uncertainty and the Market Mechanism* ）中所提到过的理论。

其本意是，因为柠檬的表皮很厚，即使里面已经开始腐烂，但从外面也很难看出来，所以这些低质量的商品就很容易流通。

我完全赞同野口先生的预测。

从现在开始，以 ChatGPT 为代表的生成式 AI，将会大量生成比二手信息更不可靠的低质量信息。然而，这些信息就像皮很厚的柠檬一样，即使"内容"毫无营养，人们也可能

会把它们当成事实接受，甚至毫无防备。

正如野口先生所说，因为我们正生活在一个垃圾信息泛滥的时代，所以一度衰落的报社、电视台或出版社发布的信息，才更值得信赖。

我就特别关注由出版社出版的书籍。

为什么我会特别关注书籍呢？因为书不同于网络或社交平台上那些可以随时更新、删除的信息。书是可以保存下来的印刷品，而且其本身也是付费产品，所以，我认为书中的内容会更加可靠。

在书籍作为印刷品被投放到市场之前，其内容必须经过多重过滤。首先是出版社认可的作者们，他们需要倾尽自己的智慧与责任进行创作，而编辑和校对，则进一步对出版物进行质量检查。

当然，书籍也有好坏之分，其中也有荒唐无稽的书。然而，从概率上来说，书籍依然是一种比网络更可靠、更系统的信息提供媒介。

而且，网络上的内容，多以 SEO 文章（为了在搜索引擎中获得更好的排名而优化的文章）为代表，这些文章本身并不是任何作品或产品，而是更多地作为吸引用户或促使用户购买商品的手段。

另一方面，往往每一本书（只刊登广告的杂志等除外），都是作者的倾力之作，所以无论是内容的丰富度还是可靠性，都会更高。

此时此刻，我也正在创作属于自己的书。但是，如果要我将同样的心血投入油管网的频道，那我是绝对无法做到的。

关键理由② 温故而知新

到 2030 年，人类将经历更多从未体验过的变化，因此，无论在工作还是生活中，我们遇到困难的情况都会增加。目前为止，我在书中已多次提到：这将是一个更多人会经历失败的时代。

当你遇到困难时，或许书籍会告诉你解决问题的方法。

可能有人会说："书上记载的大多是过去的经验，所以在未来很多新问题面前，不会显得很无力吗？"

事实并非如此。

虽然书中记载的智慧可能是过去的智慧，但它的普适性非常高。也就是说，书中蕴含的智慧对现在和未来都有效。这不正是古人所说的温故而知新吗？即使是全新的技术，也离不开人类对多年积累的智慧的运用。

因此，不管是个人层面上的生活、工作问题，还是国家层面上的政治问题，以至于整个人类面临的挑战，你都能在书中找到解决的办法。

书籍中有着无数先人的智慧。不仅是先人，我们当今时代的学者、研究人员、企业家、工程师、艺术家、记者和评论家等，他们的智慧也被精心镌刻在了书页之间。

只需要 2000 日元左右，你就能得到这些智慧！还有什么

比这更划算的投资吗？

所以，当你遇到困难或感到迷惑时，就去书店逛一逛吧。

我敢肯定。现在你所需要的一些问题解决方案，早就被写到了某本已出版的书里。

现在，职业再培训和社会人再教育等业务风靡一时，不要被这些新奇的名词所迷惑，请先提高自己的阅读能力吧。

关键理由③　不要小看日积月累的增长

意大利经济学家、社会学家、哲学家维尔弗雷多·帕累托（Vilfredo Pareto）发现全球 20% 的人口掌握着全球 80% 的财富，于是"帕累托分析法"由此诞生。这就是众所周知的"二八定律（ABC 分类法）"。

这是一个十分有趣的法则，它几乎适用于所有现象。例如，20% 的人贡献了整个公司 80% 的销售额。

另外，理查德·科克（Richard Koch）先生也在《改变你人生的 80/20》（*Living the 80/20 Way*）中写道，20% 的时间决定了你 80% 的人生。

假如你把这 20% 的时间用在玩游戏或看视频上，会发生什么呢？是不是很糟糕。

相反，如果你把这些时间都花在了读书上，是不是会更好一些？

有一个可以计算成长方式的有趣公式。

如果一个人每天成长 1%，那么一年后就能产生 37.8 倍

154

的效果。但这是如何计算的呢？

首先，假设你现在的能力是 100%。如果你今天成长了 1%，那么明天就会变成 101%，即"100 × 1.01"。如果第二天再成长 1%，后天就变成了"101 × 1.01"，也就是 102.01%。然后再成长 1%，就是"102.01 × 1.01"即 103.0301%。

这样，一年后得到的结果就是 1.01 的 365 次方，也就是约 37.8 倍！

这就是坚持的力量。

那么，我们一个月究竟需要读多少书呢？

答案是：一本。

仅仅一本书，就能让你与其他人拉开差距。当然，你可以尽情阅读，想看几本都没关系。

掌握方法　　感受书店的氛围

我认为阅读能力的掌握方法因人而异，没有必要给自己制定"每个月必须要读几本书"之类的硬性规定。

虽然叫作阅读能力，但我觉得这还是一个与习惯有关的问题。

这里，我想介绍一下我自己掌握阅读能力的方法。

方法① 多光顾一些大型书店

有时间的时候就去各种大型书店逛逛吧。

书店存在的意义不只是卖书，你也不必费力地寻找什么，只需要待在店里。总之，只要进入书店，然后随意地闲逛就可以了。

和那些正在寻找书籍的人呼吸相同的空气，度过相同的时光。没有必要勉强自己，一定要去阅读那些有深度的书籍。即使只是粗略地看一眼书名或封面，你也能读懂时代的氛围。

比如："最近这个主题好像很受关注""从刚才开始，就有一个词语频繁出现在书名上，到底怎么回事"等。由此，你就可以察觉到时代的动向。很神奇吧，你甚至都没有翻开过它们。

还有一点，如果有自己感兴趣的书，请一定要拿起来看看，哪怕只是目录和前言。因为这是你凭直觉选择的书，它或许会为你指明前进的道路。

方法② 不要期盼从一本书里能学到很多东西

你并不需要掌握什么快速阅读的技巧。当然，如果有兴趣的话，也是可以尝试挑战的。但我认为，按照自己的节奏阅读，会更容易坚持下去。一旦你掌握了快速阅读，会总想给自己设定一个时间，比如"必须在五分钟内读完这本书"，那么，阅读可能就会成为一种负担。

下面，我将介绍一个我正在实践的阅读方式。

它就是土井英司先生的著作《一流的人，都懂得如何做选择：精准选出"成功率较高的选项"》中提到的方法。土井先生参与过许多作家书籍的出版策划，其中就包括近藤麻理惠的畅销书《怦然心动的人生整理魔法》。

书中提道，不要贪婪地试图从一本书中学到很多东西。也就是说，不要因为"好不容易读完这本书，却感觉没什么收获"而放弃读书。

另外，土井先生还表示，在阅读时，哪怕只有一行文字让你印象深刻，也足以让你放下书本。也就是说，这一行文字已经让你得到了足够的回报。

是的，我也这么认为。我认为读书是一种游戏，这个游戏的目的是为了让你寻找那些难忘的信息，哪怕它只有一句话。

掌握阅读能力需要注意的问题

现在，我来谈谈关于阅读时的注意事项。

在阅读时，一定不要过分纠结"沉没成本"。

"沉没成本"指的是，那些已经付出且不可收回的成本，例如花费的精力、时间和金钱等。

也就是说，不要陷入"好不容易花钱买的书，即使没什么意思也要把它全部看完，不然就浪费了"的思维陷阱。为了弥补投入，你可能会试图强迫自己读完这本书。但最后，你不仅可能一无所获，还会浪费宝贵的时间。

　　如果你感觉这本书没必要逐字阅读，那就只挑选自己需要的部分；或者你认为这本书无法使你获得什么了，也可以直接停止阅读。

　　这种时候，你就可以选择一本新书了。

　　如果你认为这样开销过大，也可以直接到图书馆去阅读。

　　还有一点需要注意，就是不要只进行单纯的阅读。如果遇到值得你记住的一句话或一件事，请将其付诸行动。如果你只是把它当成一种对知识的补充，很快你就会忘记它，而且你在现实世界也不会有一丝改变。

　　最终，你只能自我满足于从书本上了解过一些东西。

作者推荐的图书

　　我希望给大家推荐一些书籍，这些书都基于我自己的判断，我认为它们非常适合商务人士阅读。如果发现有感兴趣的，请不要犹豫，务必去看一下。

　　- 给想变聪明的人：

　　斋藤孝《所谓"聪明"，就是有逻辑思维》

　　- 给未来主义者的预测指南：

　　藤井保文、尾原和启《永不下线：后数字时代的生存法则》

- 人生必看的优秀作品：

丹羽宇一郎《非读不可：要活得明白先要读得明白》

- 第一本后悔没有早点读过的书：

土井英司《一流的人，都懂得如何做选择：精准选出"成功率较高的选项"》

- 应该作为职业发展教科书：

藤原和博《10 年后，你有工作吗？为了生存你必须学会如何得到赏识》

- 我心目中排名前三的书：

尤瓦尔·诺亚·赫拉利《人类简史：从动物到上帝》

- 闲暇之余，你有考虑过生物的死亡原因吗？

小林武彦《正视死亡，解答生物体的死亡之谜》

- 你的大脑杂乱无章，是因为房间也杂乱无章：

佐佐木典士《我决定简单地生活——从断舍离到极简主义》

- 世事无常，世上没有永远：

乔治·吉尔德《后谷歌时代：大数据的衰落及区块链经济的崛起》

- 用数据预测未来：

河合雅司《未来年表》

- 仅仅是阅读就可以提高工作效率：

桦泽紫苑《为什么精英都是时间控》

- 虽然是育儿书籍，但也值得推荐给现代的商务人士：

坪田信贵《不要说"请不要给别人添麻烦"》

- 如果你想激发自己隐藏的才能：

水野敬也《梦"象"成真》

- 本书后记会详细解说的著作：

黑川伊保子《积极地生活实在蠢——以脑科学来舒缓你僵硬的心》

第四章

无法被 AI 替代的
"健康生活的技能"

技能 **15** 金钱的正确使用方法

——投资给自己的思想和健康

⚙ 技能定义　**为自己的思想与健康买单**

"金钱的正确使用方法"就是把辛苦赚来的钱投资在自己的思想和健康上面。

根据专业人士介绍，与金钱相关的五项重要技能分别是：储蓄、赚钱、增长、保值和消费。

其中最重要的莫过于"赚钱"，但"赚钱"的重要程度也会因人而异，它取决于每个人的目标收入，也取决于每个人的赚钱方式。另外，每个人的工作也有所不同，是上班族、企业经营者还是个体户？是体力劳动还是脑力劳动？因此，"这么做就能挣钱"并没有可复制性。

但是关于"如何花钱"，我想每个人都有一个共通的用法，就是投资给自身。

乐天集团董事长兼总经理的三木谷浩史先生在某电视节

目中说过："花钱比挣钱难得多。"我认为的确如此。

那么，我们到底该如何正确地使用金钱呢？

我的结论就是，投资给自己的思想和健康。

一提到投资，大家可能会想到股票、房地产、基金、黄金、国债等。但是，世界上回报率最高的东西绝对不是它们，而是我多次提到的，对自己思想和健康的投资。

👆 需要的理由　**两极分化日益严重**

关键理由①　**能力主义至上**

根据创业指导公司 for Startups inc 运营的信息平台"STARTUP DB"公布的 2023 年全球市值排名，1989 年全球排名前 50 位的企业中有 32 家是日本企业。然而，到了 2023 年，市值全球排名前 50 位企业中日本企业的数量是 0。

从这个排行榜可以看出日本失去的 30 年。从排名前 50 位的企业来看，以第一名的苹果为首，微软、字母表❶、亚马逊和特斯拉占据了榜单的主要位置。其他上榜公司还包括投资和能源行业，以及 IT 设备制造商。

这些企业的共同点，是都掌握着成熟的 IT 技术。他们以高额的报酬吸引着那些优秀人才，同时，被认为能力不足的

---

❶　谷歌公司的母公司。——编者注

人员会被立即解雇。也就是说，这些企业都在贯彻能力主义。

正如写有《残酷：不能说的人性真相》《笨蛋与无知：人类，这种不合适的生物》等多部著作的橘玲所说，日本已经开始进入"无法顺利通关"的社会。

大多数企业对雇用的看法发生了改变，一些大企业已经开始对能力不足的员工进行辞退。在招聘时，也从原来的综合岗位型雇用转为专业岗位型雇用。

所谓综合型岗位雇用，是指统一录取应届毕业生，然后让其在各个部门学习工作经验，直到找到合适的岗位。而专业岗位型雇用则是根据所需业务直接聘用专业人士。

在综合型岗位雇用制中，每位新员工的薪资都是相同的。但在专业岗位型雇用制中，根据入职时的个人能力，薪资相差一倍以上的情况并不少见。

也就是说，世界正朝着能力主义至上的方向发展。如果你无法提高个人能力，那么在未来就无法找到工作，更无法获得高薪。

所以，为了应对这种变化，我们有必要对自己进行投资建设。

例如，日本乐天自 2012 年起开始实行"英语通用化"，这在当时引发了热议。因为英语能力被纳入了人事审核制度，所以不会英语的人是无法顺利晋升的。

乐天宣布将公司内官方用语定为英语的 2010 年，员工的

平均托业 ❶ 分数为 526 分。可到了 2015 年 4 月，这一数字已升至 800 分。在短短 4 年半的时间里，成绩就能有这么高的提升，据说是因为公司聘请了优秀培训师，并在公司业务中加入了英语课程。

然而，这一分数的增长是戏剧性的。恐怕在平均成绩提高的背后，有相当一部分英语能力不好的人已经被淘汰并离开了公司。

也就是说，可能并非所有人都在尽力提高英语能力，而是水平较低的人选择了离开，取而代之的则是那些英语水平较高的人。据说乐天现在来自哈佛大学、耶鲁大学、斯坦福大学的应聘者也在增加。

这确实是戏剧性的提升。

如果这一推论正确的话，就代表着乐天也采用了与许多知名企业相同的雇用模式，也就是辞退能力较低的人，转而录用能力较高的人。

这种趋势会逐渐渗透到其他企业，而且已经势不可当了。从乐天的例子中可以看出，他们只需要在国外市场进行人才招聘。这样，不必在少子化日益严重的日本展开激烈的人才竞争，也能招聘到优秀人才。实际上，三木谷先生在接受东洋经济在线的采访时，就企业为提高竞争优势而改变雇用方

---

❶ 英文名为 TOEIC，是当今世界上顶级的职业英语能力测评。——编者注

式的问题，发表了如下观点：

"在日本，计算机科学专业的毕业生，大概每年只有 2 万人。而美国约有 6 万人，中国约有 100 万人，印度约有 200 万人。所以，你是从几百万人的池子中挑选员工，还是从 2 万人的池子中挑选员工？它会彻底改变你的竞争优势。"

这种事绝不能掉以轻心。虽然人们现在更关注的是 AI 会不会夺走自己的未来，但眼下更重要的，是我们的工作岗位可能会被外国人夺走。

在英语成为乐天的官方用语之前，有些人就已经是企业员工了。把托业成绩提高到 800 分以上并存活下来的人，恐怕不仅仅参加了公司内的英语学习课程。或许下班后，他们也会继续在英语辅导班或家里刻苦学习。也就是说，他们把工资的一部分投资给了自己的大脑。

根据日本总务省统计，2021 年日本 10 岁以上的居民每天花费在"学习、自我提升、培训（学业以外）"上的时间只有 13 分钟，而花费在"电视、广播、报纸、杂志"上的时间是 2 小时 8 分钟，"休息、放松"的时间是 1 小时 57 分钟，"兴趣、娱乐"的时间则是 48 分钟。从这个数据可以看出，他们的学习时间相当有限。尽管日本人经常给人一种认真、勤奋的印象，让你认为他们是一个热衷于学习的民族，但实际上并非如此。

而且，日本企业除在职培训（OJT）以外，人才投资占国内生产总值（GDP）的比例，与其他国家相比明显偏低，而

且有明显下降趋势（图 4-1）。

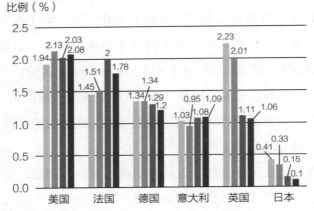

图 4-1　关于人才投资（非 OJT）的各国差异（GDP 比例）

资料来源：经济产业省　经济政策局《经济产业省的举措 令和四年（2022 年）2 月》。

是不是出乎意料？日本人对自己的投资并没有你想象的那样多。而且，人们在长大后通常会停止学习。

所以，不仅是 AI，那些背井离乡拼命学习日语、努力在日本工作的外国人也会抢走你的工作。

由于上班的时候一直坐着，上课的时候也一直坐着，慢慢地，你可能会感觉自己的身体缺乏锻炼。最终，你选择去健身房锻炼身体，以摆脱运动不足的状况。

这意味着你已经开始为自己的健康投资了。俗话说"身体就是本钱"，无论做任何事，我们都要有一个健康的身体。

选择价格稍贵但注重安全的食品，比如无公害或有机栽培的蔬菜，也是对健康的一种投资。

为了改善睡眠质量，所购买的优质床垫和枕头；因为噪声无法入睡而花钱装修的隔音窗甚至搬家，从广义上来说都是对健康的投资。

总之，如果身体不健康，就无法更好地投入工作，即使对大脑进行了投资，也会影响学习效率。在这个"人生百年"的时代，人们的寿命将越来越长，因此，对自己的身体进行投资是非常重要的。

相反的，如果你对自己的健康非常吝啬。既不去理疗，也不去健身，只吃廉价的垃圾食品。很快，你就会失去健康，最终不得不为了治疗疾病而支付额外的医疗费用。

关键理由② 你想掌控 AI，还是被 AI 淘汰

虽然这样说有点悲观，但我希望大家认清人类与 AI 的关系。

在接触 ChatGPT 等生成式 AI 后，你是否会觉得："这种东西在工作中好像还用不上啊！也许它们不会夺走我的工作。"

AI 现在还处于成长期。

未来，它也许会出现指数级的增长，并在短短几年内就可以"长大成人"。届时，首先会被 AI 夺走工作的，就是那些每天等待着指令的白领们。

这样一来，白领阶层就会被分成两种：一种是可以熟练

掌握技术并提高工作效率和自身附加值的人，另一种是被科技夺走工作而被迫离开岗位的人。

而那些能够发挥技术运用能力并善于发现问题的人，将会越来越受到企业的重视。

正是以 AI 为代表的新型科技，给我们带来了这种两极分化。

话虽如此，但在创作领域，我们仍然需要人类的创造力与匠心。

提到这些，或许有人会稍感安心。

在我创作本书的同时，奥多比（Adobe）发布了名为"奥多比萤火虫（Adobe Firefly）"的生成式 AI 智能插件。目前为止，PS（Photoshop）已经具备了图像、照片的高级处理功能，而且此软件还在不断更新中，但这次更新的维度却不同于以往。

下面，我举一个例子。假设你是一名修图师，在确认客户提供的照片时，发现人物背景里杂乱地堆放着一些东西。并且客户对你说："因为想用这张照片，所以希望您把那些杂乱的地方修改成漂亮的书架。"

好了，现在可以展示你真正的技术了。首先要从素材库中，找出一张看起来没有违和感的照片。然后将其组合在一起，加工制作出自然阴影以达到更加真实的效果。可是，这些工作需要花费多长时间呢？

这是一项专业性非常高的工作，只有真正掌握了相关技术的人才能胜任。我认为这种工作必须花费数个小时进行精细操作，甚至我周围还没有人可以做到，起码，现阶段为止是这样的。

所以，刚才提到的创造力与匠心，一切都会变成过去式。在奥多比发布的萤火虫插件中，如果对它输入"插入书架背景"的指令，它就会自动为照片插入合适的背景图。如果不喜欢，还可以随时替换新的图片。

也就是说，修图师已经不再是专门性的职业了。因为只要向软件输入"插入书架背景"类似的文字，图片就处理好了。

那些使用 PS 工作的人，看到这些话时也许会说："不不不，奥多比的萤火虫还只是测试版，远还没有达到实用的水平。"因此，我想再重复一遍，现在的 AI 还处于成长期，但未来，一定会以指数级的速度快速成长。

当然，不仅仅是处理照片，插图、标志（logo）的生成也是一样的。

这意味着，以往只有掌握了专业技能的创作者才能从事的行业，变成了业余爱好者或外行仅凭技术就可以进入的情形。因此，创作者们也会出现两极分化，如果供过于求，自然会出现行业饱和的现象。这和前面提到的专业摄影师的情况是一样的。

另外，现在还出现了一种专门为生成式 AI 提供指令的新职业。他们不使用计算机编程语言，而是使用普通的人类语

言，如英语。然而，要想从 AI 中获取更合适的信息，就必须掌握如何发出合适的指令。在美国，年收入数约 5000 万日元的"指令工程师"已经大规模活跃了起来。

在大量工作岗位消失的同时，也会创造出许多新的岗位。

不过，与前三次工业革命不同的是，第四次工业革命中诞生的新岗位多以技术为基础。为了应对这种变化，我们需要在个人思想和健康上投资更多的钱，以锻炼强韧的精神和体魄。

📑 掌握方法　　关于要不要存钱

关于金钱的使用方法，希望大家注意两点。

方法① 养成经常思考自己是在"投资"还是"浪费"的习惯

在花钱的时候，要经常思考自己这是在"投资"还是在"浪费"。

例如，为了掌握知识而购买书籍或参加讲座的花费就属于"投资"，这点倒是很容易理解。

但是，对于"投资"和"浪费"的理解却因人而异。就以旅行为例，有人认为这是"增长见识"或"恢复精神"的投资；而有的人会认为，这是"为了消遣和逃避生活的浪费"。

不同的人确实会有不同的理解，这并没有什么问题。最重要的是，要养成经常思考的习惯，要知道自己是在"投资"还是在"浪费"。

网飞上有一档节目叫作《聪明人的消费方式》。此节目专门去介绍一些花钱的方法。他们把金钱的使用方式分为需要（need）、爱好（love）、喜欢（like）、想要（want）。

如果你很难判断自己是在"投资"还是"浪费"，那么，试着意识到这些消费方式非常重要。需要、爱好、喜欢、想要是按先后顺序排列的。

"需要"指的是房租、水电费、伙食费等必须花费的金钱。

"爱好"是一种让自己感到满足的消费方式。如果没有它，生活中就会失去很多快乐，具体是什么，因人而异。对有的人来说，可能是买书，可能是一年一次的出国旅行，甚至也可能是品尝一杯葡萄酒。

"喜欢"则代表"没有它也不会影响到什么，但得到的话会很高兴"这种程度的消费方式。

而"想要"指的是，购买时不考虑后果，在冲动的瞬间获得一时满足的消费方式。

因此，我们应该尽量不要把钱花在"喜欢"和"想要"上，而是花在"需要"和"爱好"上。

在这一点上，我们需要自己判断什么是"需求"，什么是"喜欢"，而且不要因为某位名人说过什么"爱好"，就认为这

也是自己的"爱好"。

例如，在油管网上录制视频时，我似乎总是穿着同一件价值 990 日元的白色 T 恤。这件衣服并不是拍摄专用的，在日常生活中我也总穿着它，不管是在工作还是在开会讲课。除了睡衣，我几乎总是穿着这件 T 恤。

我好像有 7 件同款的 T 恤，只是在反复换着穿而已。

我总穿这款 T 恤并不是因为我对这款 T 恤有什么执念，而是对我来说，打扮自己既不是"需要"，也不是"爱好"。

一件 5000 日元的 T 恤对我来说算是奢侈品，这不是好的消费方式。

这并不是说我吝啬。

当得知亚马逊在美国西雅图开了一家无人便利店时，我当时毫不犹豫地飞了过去准备实地考察，花费甚至超过 100 万日元。

因为这笔支出对我来说既属于"需求"也算是"爱好"。无论如何我都想实地体验并获取一手信息，因此，这也是一种"投资"。

但是 T 恤，我连 2000 日元都绝对不会出的。

而对于在服装行业工作的人来说，是不可能天天穿着 990 日元的 T 恤去工作的。对于这些时尚圈人士来说，衣服是"需求"，是"爱好"，更重要的，也是自身关于时尚的说服力。

方法② 把钱花在事情上，而不是物品上

第二个需要注意的问题是，我们应该把钱花在事情上。

比起物质层面的消费，把钱花在事情上的人幸福指数会更高。因为物质一定是某种物品，即使得到了，也有可能只是满足了当前的拥有欲；而事情是一种体验，它可以刺激我们的大脑。

也就是说，如果我们把钱花在事情上，遇到"投资"的可能性就会比"浪费"更高。

当然，也有可能是因为"爱好"而把钱花在了物品上。比如"只是看着就觉得很幸福""只是穿着就觉得很幸福"。所以，还是不能笼统地认为把钱花在物品上是不好的。也许正因为得到了某个东西，你的人生迎来了新的体验。

掌握金钱的正确使用方法需要注意的问题

在金钱的使用方式中，有一种方式是绝对不能用的，那就是——存款！

这样说，好像和我们的常识正好相反。因为我们从小就被大人教育：存钱很重要。

对于当时那个年代的大人来说，存款确实是必要的。利息高是一方面，最主要的原因，是因为那是一个经济飞速发展的年代，即便拿出一部分钱存起来，手里可支配的收入依然很富裕。

随着生活水平的不断提高，人们想要的东西越来越多。用辛苦攒下来的钱购买想要的东西，会使自身获得

真实力
跑赢 AI 的 19 个职场技能

极大的幸福感。

而现在，随着实际工资的持续下降，人们的生活水平也达到了极限。如果这时依然选择存钱，那么你将没有足够的金钱来投资自己。

虽说储蓄的目的是为了养老，但存款的利息实在太低了。随着实际工资的下降，可用于储蓄的钱本身也不多。

与其在账户中存上一笔不一定够用的钱，还不如为了增加收入和身体健康对自己进行投资，说不定回报会更大。

就像之前说过的那样，未来社会将更倾向于能力主义。如果你疏忽了对自己的投资，那么可能连基本收入都会难以维持。

技能 16 舍弃的力量

——通过舍弃，让自己专注于更重要的事情

⚙ **技能定义** **物品也好，信息也罢，甚至人脉都可以舍弃**

所谓舍弃的力量，就是敢于舍弃自己所拥有的物品、信息或人脉，让自己专注于真正重要的事情。

我们平时只想着如何增加自己的物品、信息或人脉，但有时，我们要学会舍弃它们。

 需要的理由 **这些东西会偷走你的时间**

关键理由 **你宝贵的时间将被夺走**

到 2030 年，世界将会发生很多事情：传染病、国际纷争、金融危机、经济波动、以 AI 为中心的科技发展……这些因素使预测未来变得更加困难。

因此，我们会感到不安。为了以后的发展，我们会尽可能地收集信息，尽可能地拓展人脉。在接触大量信息的同时，人们左右摇摆的情况也会大大增加。

在不断"收集"的同时，我们很少会去"舍弃"。所以，家里和办公室里的东西是不是太多了，需要的东西往往在关键时候却找不到了？

为了收集信息，我们会不停地浏览、阅读、搜索。在这个过程中，时间很快就会过去。

为了拓展人脉，你又是否参加过一些没有实际成果的聚会？

它们会夺走你人生中的宝贵时间，物品、信息和人脉成了"偷走"你时间的"小偷"。

例如，当你想要掌握某项技能时，最初是奔着"这个都不知道可能会吃亏"的想法去的。结果却发现"这个我也需要注意""为了慎重起见，那个也看看吧"。这样，在点击鼠标的过程中，时间不知不觉就会过去。

获取信息的本质在于获取信息后采取的行动。如果仅仅将"收集"本身作为目的，并一味地收集信息，只会在大脑中产生过多的"噪声"，使我们迷失方向而无法专注于具体事物。

有一次，我在电视上看到了一位资深行司的采访。"行司"就是在相扑比赛中判定胜负的人，也就是所谓的裁判。这位行司表示，比赛过程中他并不会过多的关注相扑手本身。

也就是说，他并不在意力士们的表情、技术等"战斗状态"。

他的任务，只是为了判断谁先使对方身体的任意部分着地（除脚掌外）、谁先离开比赛区域，所以，他只需要观察力士们的手和脚就够了。

如果不经意间被力士们战斗的样子和严肃的表情所吸引，或许就会错过决定胜负的瞬间。

对这位行司先生来说，力士们的战斗状态就是"噪声"，因此他舍弃了这些信息。

我们这些上班族，无论是公司职员还是自由职业者，都是靠出卖自己的时间来换取金钱的。

如果我们不能有效地利用剩下的时间，那将是极大的损失。被物品、信息、人际关系等占用大量时间是不值得的。你需要专注于掌握技能和传播信息，以提升自己的品牌力。

这样，那些舍弃的部分一定会以另一种方式回报你。

📑 **掌握方法　试着按顺序舍弃它们**

关于"舍弃的力量"，有初级、中级、高级三种掌握方法。

方法① 初级 丢掉身边的东西

第一步，就是扔掉身边的物品。物质世界的状况也会影响到精神世界，如果一个人的家里和自己的房间很乱，那他的脑子里可能也会很乱。比如，你在工作中看到一个人的办公桌很乱时，可能会想："嗯，他的脑子里肯定也是一团糟。"其实，我以前也是这样的。

因此，我们要了解极简主义生活方式。极简主义者们知道拥有哪些东西就足够了，他们的生活中往往只有最基本的必需品。

如果身边堆满了东西，你可能需要花费很长时间才能找到真正需要的物品。据说，人们平均每年要花费 15 个小时以上来寻找东西。

"不不不，我舍不得扔，我的每样东西都很重要。"有这样借口的人要注意了。你或许已经失去了对事物的必要性或重要性进行排序的能力。

这样的人，可能无法分清主次或做出任何选择。

像我就只有一些最低限度的生活必需品，所以不会在找东西上浪费时间。

因为我实在不想把自己宝贵且有限的人生，浪费在找东西这种无聊的事情上。你要给自己制定一个规则，比如定期处理掉一些很久没用的东西，或者每买一个东西就处理掉另外一个等。

如果你现在还有"果然我过去获得的那些奖状、奖杯、纪念品还是要留下的……"这种想法，那就赶快把它们扔掉吧。

如果你能在一开始就果断地扔掉你认为重要的东西，那接下来的选择你将毫不费力。

留着这些东西有什么用呢？能增加自己的年收入吗？能随意掌握本书所列举过的技能吗？

把那些象征着过去荣耀的东西扔掉吧。

它们已经和现在的自己没有关系了。

如果你把别人对你的评价当作一种依据，那今后你就会变成一种不受到表扬就无法努力的"体质"。

我油管频道的订阅粉丝达到 10 万人时，收到了官方邮寄的"银盾"纪念品，但我马上就把它扔掉了。

而其他人收到"银盾"后，会经常把它装饰成视频的背景或在直播中展示它。

如果你把"银盾"和"频道订阅用户"这些他人的评价作为自己做事的依据，那么为了寻找下一个依据，你必须永远关注他人的评价。

过去的荣耀，从收到的那一刻起就已经属于过去了。

哪怕没有什么依据，我们依然要做到自信！我们要让自己的自信毫无依据！我认为一个人处于这种状态才是最强大的。

让那些过去的荣耀从我们视野中消失吧。

方法② **中级 判断无用的信息**

然后是第二步，舍弃信息。首先我们要做的是与各种社交软件进行"断舍离"❶。

那些口口声声宣称"看电视是浪费时间，我早就不开电视了"的人，往往把所有的时间都花在了看手机上。他们其实依然沉浸在网络和各类社交软件中。

这可真是愚蠢透顶。

一旦确定了自己需要的信息，你就可以判断哪些东西是"噪声"，也就不必再浪费时间去翻看这些内容。

如果你的意志薄弱，一旦打开软件就会毫无节制地浏览，那么我推荐你使用一些社交网络"断舍离"软件。当你一天中浏览某些软件的时间超过一定规定时，它就会强制禁止你打开此软件。

方法③　高级 拒绝无效社交

很多人认为，人脉当然越多越好。然而，结识朋友需要花费大量的时间，它会占用你宝贵的生命。因此，我们必须清楚地意识到哪些人值得一见，哪些人只需要保持邮件或文字的联系就可以了。

为了提高自己的品牌力，你会学习、读书、收集信息等。而这些事基本上只能在独处时进行。你不可能和大家一起去酒吧一边吵吵嚷嚷一边进行。

---

❶ 意思是把那些不必需、不合适、过时的东西统统断绝、舍弃。——编者注

只有在独处的时候，你才能重新审视自己的生活，思考未来应该做些什么。因此，这些独处的时间非常重要，它们弥足珍贵。

因此，你需要有足够的勇气，才能舍弃那些可能偷走你时间的人。实际上，我基本不怎么与他人见面。

自从创办油管频道以来，托大家的福，我收到了很多商务人士和经营者的邀请。只是我的时间非常有限，如果没有非见不可的理由，我一般都会婉言谢绝。

也就是说，我会优先选择线上沟通。因为使用邮件或聊天软件等方式，可以避免过多的时间调整。

掌握舍弃的力量需要注意的问题

社会人往往更注重这些社交活动。比如身为公司职员，可能很难拒绝同事或领导的聚会邀请。因为我们既不想被同事认为"不好相处"，也不想给领导留下不好的印象，因为这可能会影响到升职和加薪。

但是，和同事们一边聚餐，一边抱怨着对公司和工作的不满，一边说着领导坏话，这简直是对时间的极大浪费。再者，与领导聚会时，听他讲述自己过去的辉煌和过时的人生观，也是一件令人讨厌的事情。

所以，干脆地拒绝吧！如果只是因为不去参加公司聚会就使自己的评价变差，那么，请尽快做好离开这个

公司的打算！然后利用这段时间去陪伴家人，去掌握本
书中介绍的这 19 个技能。

事实上，拒绝聚会并没有什么坏处。只要你做好自
己的工作，这些所担心的事就不会发生。

如果真的发生了这样的情况，你就需要制订一个计
划，以便逃离这种落后的职场环境。

技能 17 养成习惯才能心想事成

——为了掌握技能而需要的能力

⚙ 技能定义　　坚持不懈的力量

所谓"习惯"，就是决定要做的事情不会三天打鱼两天晒网，而是可以坚持不断地积累。

不仅是书中介绍过的这些技能，无论你想掌握什么，都需要养成好的习惯。

否则，你在做任何事情的时候，都会遇到热情快速消退的情况。等你回过神来再想努力的时候，却发现好像已经忘记了当时的初衷。是不是你也有过这样的经历呢？

☞ 需要的理由　　铃木一朗的伟大之处就在于此

关键理由① 让你更好地掌握各种技能的能力

"习惯"本身并不是一项未来必需的技能，它是为了让我们更好地掌握前面提到的那些"未来必需技能"所需要的能力，从这个意义上来说它确实非常重要。

目前我介绍过的所有技能都不是一朝一夕就能掌握的。掌握它们需要日积月累的努力。

棒球选手铃木一朗先生是我非常尊敬的人生导师。他的伟大之处不仅仅是曾在一年内击出了 262 个安打❶。

大家的关注焦点都是"262"这个数字，但这并不是我把他视为人生导师的主要原因。

我认为能够连续 10 年击出 200 个安打的价值要更大。一年击出 262 个安打虽然是一项伟大的纪录，即便如此，它仍有可能在某一天被改写。但我认为，或者说我坚信，能够连续 10 年击出 200 个安打的纪录，永远不会被任何人超越。

他之所以能创下如此惊人的纪录，是因为铃木一朗是一名没有受过伤的运动员。

当其他球员完成一套热身运动后，马上就会开始练习接球和挥棒等动作。然而，只有铃木一朗会继续坚持做柔韧性热身。他非常注意自己的身体状况，以避免赛时受伤。

当一名外场手在撞到围栏时还在奋力接球，就可能会导致手腕骨折等诸如此类的伤害。

这样的场景会使得比赛很精彩，很有气势，令人感动！虽

---

❶ 棒球及垒球运动中的一个名词，指打击手把投手投出来的球未出到界内，使打者本身至少安全上到一垒的情形。——编者注

然球迷们很高兴，但教练却无法容忍这种事。如果用一名球员的长期缺席来换取一次淘汰对手的机会，明显是不值得的。

反观铃木一朗在打出这么多漂亮比赛的同时却没有受伤。这是因为他在赛前精心模拟了各种可能并为此训练。比如当球来到他的位置时，他会考虑如何利用围栏的后坐力帮助自己起跳。

怎样的滑步动作能避免受伤？如何起跳能安全地接住球？这些都是铃木一朗在赛前充分考虑过的状况。

为了避免在球场上受伤，铃木一朗养成了赛前必做准备活动的习惯，例如超长时间的柔韧性热身。因此，他能接住其他球员难以驾驭的球，并且看起来游刃有余。

铃木一朗出色的表现就是养成习惯后的成果。

他自己也曾说过：

"如果说不用努力就能有所作为的人是天才，那么我一定不是。但如果说一个通过努力能有所作为的人是天才，那么我认为我是。如果人们认为我是一个不需要努力就能成功的天才击球手，那就大错特错了。"

关键理由② 消失的博主和创作者们

虽然在谈过铃木一朗先生的事情之后再谈论自己，有点不胜惶恐，但关于"坚持就是力量"这件事，我还是想举一个例子。我曾在博客上发表超过 2000 篇文章。

大约 15 年前，社会掀起了一股博客热潮。一些网络上的

人也注意到了这样一个事实，即发布的文章越多，你获得的点击量也就越大。

于是我也开通了一个博客并坚持写了几年，不知不觉，文章数量达到了 2000 篇。这就是我养成每天写作的习惯并坚持的结果。

我从亲身经历中明白了写什么东西能增加点击量，写什么东西会导致点击量减少。

但是，大多数和我同一时期开通博客的博主都选择了放弃。尽管他们也明白持续投稿可以提高访问量。

我的油管频道也一样。在创作本书的同时，频道内的订阅用户已经超过了 14 万人，这是我一直坚持不懈的结果。

"我身边的人都在写博客，我也可以试试！"像这样开始的人有很多。但在几个月，甚至一个月内放弃的人也很多，因为他们没有让自己养成习惯。

在商业领域取得成功的重要因素之一便是不成功不放弃的精神。许多成功者都会强调自己有永不放弃的信念，他们表示自己之所以能够取得成功，全都源于坚持不懈的毅力。尽管这些话略显夸张，但它们确实证明了习惯和坚持所带来的成果。

据说，造就你我现在生活的，有四成是因为习惯。若养成一个良好的习惯，工作、生活会一帆风顺；但若养成了一些不良习惯，不仅会使事业受阻，甚至连健康也会受到影响。

因此，说是习惯决定人生也不为过。

在本书的"阅读能力"一章中，我曾说过："若我们每天获得 1% 的成长，那么一年后就可以达到 37.8 倍的效果。"这正是培养习惯所带来的成效。

📋 掌握方法　　**降低门槛，赞扬自己**

培养习惯化能力的方法有两种。

方法① 减少准备

首先，我们要减少你想养成习惯的事情的准备工作。也就是说，我们要省去执行之前的麻烦，以降低执行的难度。

"麻烦"是培养习惯的最大障碍。如果我们能像饭后刷牙那样简单地付诸行动，就是理想的状态。

例如，你想养成去健身房的习惯，以达到减肥的目的。

为了这个最初的目的，你会遇到以下麻烦：

- 穿衣服、打扮整齐、化妆；
- 乘地铁或骑自行车去健身房；
- 登记进门并在更衣室中换衣服。

等完成这些任务后，你才可以进行训练。如果这时训练器材区域人满为患，你就必须排队等待。健身结束后，还要回更衣室换衣服，到接待处办理出门手续，然后再乘地铁或骑自行车回家。

这种烦琐的程序很难让人养成习惯。

与其这样，还不如在自己喜欢的时间，用家里的电脑开始学习网上瑜伽课程。或者，你可以给自己制订一个计划，每工作 1 小时，做 5 分钟的仰卧起坐和俯卧撑，然后休息 10 分钟后再重新开始工作。这样既省钱又省事。

同样的，如果你准备参加英语会话辅导班，也需要投入大量的时间和精力。你必须把所有书本材料装进包里、穿好衣服、化好妆、走到车站、坐上公交车等。如果我们在准备工作上花费了过多的时间，就难以养成习惯。

倘若参加的是网络课程，只需打开平板电脑便可开始上课，因为需要准备的东西很少，所以很容易养成习惯。

如果想养成习惯的事情需要烦琐的程序，那么在日常生活中就会埋下厌恶的种子，养成习惯也会变成一门苦差事。最终，它或许还会引起生活质量的下降。

方法② 设定小目标，完成后给予自己表扬

第二种方法是，在培养习惯的过程中设定几个小目标，每当完成这些目标的时候，对自己予以表扬。

例如，当你想养成在网上学习英语的习惯时，你可以在提交报名后，自豪地宣称："此刻，我已迈出了改变人生的重要一步！"

尽管还没有正式上课，但请先为自己的行动力干杯！为了庆祝这天，一定要去吃一顿自己喜欢的美食！

在连续上完一周课之后，请不要忘记对自己说："能够坚

持完成一周的英语课程，我真厉害。"然后作为对自己的奖励，去看一部心仪的电影吧。

要记得时常表扬自己，毕竟在这个世界上，除了自己，没有人会一直夸赞你。自己的心情一定要由自己来决定！

所以无论做什么事，在养成习惯之前都要确定具体的步骤，哪怕只前进了一步，也要记着表扬自己。

反复这么做的话，还可以慢慢提高自我肯定感。

掌握养成习惯技能需要注意的问题

在培养习惯时，一定要注意不要把目标定得太高，不要只想着追求 100% 做到。

我在一些"高意识系"❶ 的书籍和网站上，曾看到过这样一种说法："一般来说，目标是很难达成的，所以最好一开始设定好的目标为原本目标的 2~5 倍。甚至有些人认为，可以设定到原本目标的 10 倍。"

例如，你想达成 100 万日元的销售额。

若一开始就把目标定为 100 万日元，那么最后可能只会完成 70%，也就是 70 万日元。但如果我们一开始就把目标定为 150 万日元，当进行到 70% 时，你会发现其

---

❶ 高意识系：指那些说话很高调、喜欢自我夸赞，但是实际上却没有什么能力，喜欢装模作样的人。

实已经实现了 100 万日元的目标。

但我并不认同这种说法。如果一开始就把目标定得太高，反而容易出现"反正也做不到"的想法，工作期间整个人也会变得很紧张。

设定如此高目标的前提是，你从一开始就必须具备出色的行动力。

对于我们这样的普通人而言，采取"婴儿学步"式的提升方法更为实际。如果我们现在只能实现 70 万日元的销售额，那么下一次的目标就定为 71 万日元。如果我们完成了这个目标，那么再下次就可以定到 72 万日元。

如果达成了小目标，请不要忘记表扬自己。

技能 **18** 逃避的重要性

——匈牙利著名谚语

⚙ **技能定义** **逃避虽可耻但有用**

当电视剧《逃避虽可耻但有用》大热之后，这句匈牙利谚语才被大家熟知了起来。

这句谚语的意思是："我们每个人都有一颗向上的心，如果有机会，你应该选择一个能充分发挥自己才能的地方。"

本书对"逃避"的定义也是如此。

也就是说，如果在当前所处的环境中无法发挥自己的优势，但又没有能力去改变环境时，我们应该果断选择逃避。

👆 **需要的理由** **有无数种选择存在**

关键理由① **靠自己努力无法改变的环境**

如果你从头读到了这里，心里一定会想："好，我要掌握

这些技能，然后塑造我自己的未来！"你现在热血沸腾并充满热情。

但是，要想将这些技能一次性付诸实践，一定会造成精神疲劳，甚至会患上心理疾病。

在"自我责任感"部分，我曾说过，不要把任何事情都怪罪于他人或社会，要找到自己的原因并勇敢面对。

然而，凡事都有局限性。

如果你认为自己无法在当前环境中发挥出自己的优势，而且很难通过努力使其改变，那么，你应该果断选择离开。

不管是留在原地继续努力，还是勇敢迈出那一步去寻找新天地，你都需要在这两者间取得平衡。若只想着逃避，就会慢慢养成习惯，以至于还会把责任推卸给他人。

所以，当你感觉现在的工作环境糟糕，人际关系也很差，自己得不到任何提升而又无计可施时，请先考虑带薪休假，以暂时逃离这个环境。如果这样的方法也不能奏效，那你就应该尽快考虑提出调动或辞职申请。

这不仅限于职场。在私人生活中，如果感到居住环境不好，可以选择搬家；或者厌倦了在本国的生活，你甚至可以逃到外国。

只要心里清楚人生有无数种选择，你就能保持正常的精神状态。

关键理由② 毫无逻辑的惯用语可别当真

年轻的职场人要尤为注意,不要被那些说着"现在的年轻人真没毅力"的年长者误导。

他们这句话是代代相传的经典台词。甚至连几千年前的金字塔里的象形文字中都提到过"现在的年轻人都……"。

关于类似的说法,还有"在这儿都混不下去的人,去哪里也没用!"

这是大部分黑心企业为挽留辞职员工时的惯用语。我们更不必去担心这种事,因环境的改变而时来运转的例子比比皆是。

📑 **掌握方法** **你的工作也许没那么重要**

要想学会"逃避",并没有什么特别的方法。最重要的,就是自己有勇气!

没有任何技巧可以让人变得勇敢。不过,在经历种种磨炼或不断做出各类决定的过程中,人们会变得更容易鼓起勇气。

这里我有三点建议。

方法① 理解"逃避也没什么"

首先,你从事的工作并没有那么重要,所以就算离开也

没关系。

有些人可能会觉得："你又没见过我工作的样子，凭什么这么认为？" 我为什么会这么说呢？只能说包括我在内的绝大部分人，都并非什么缺你不可的角色。

有一些公司职员很喜欢独自承担责任。他们认为如果自己不在了，就会给领导、前辈、同事、客户带来很多麻烦，甚至影响其他人工作……

说到底，还是虚荣、自负在作祟。一个人的能力实在有限。

事实上，即使有人生病或长期请假，公司的业务也会照常进行。就算你是主管、经理等管理层的人也一样。哪怕是公司要倒闭了，也有人会去想办法，工作也会照常进行。因此，你所做的一切，都只是一些力所能及的工作罢了。

所以，你尽可安心地离开这个地方，去到一个能发挥自己优点和长处，或者能让自己享受工作的地方吧。

方法② 离开城市

其次，如果你真的厌倦了城市的生活，为何不下定决心离开呢？

在城市中，总有些人喜欢穿着休闲裤和波罗衫，动不动就拿着苹果笔记本电脑在咖啡馆里装模作样。

还有一些喜欢用自己的收入或公司营业额来标榜自己的人，他们都非常令人讨厌。

当然，这只是一些我个人的偏见。

你并不需要在拥挤的地铁中每日奔波，也无须强迫自己和上面那一类人打交道。无论是去探索未知之地，还是重返故乡，只要你远离了现在的环境，就可以摆脱这些人的说教。

虽然收入可能会下降，但日常开销也会相应地减少，生活反而会更轻松。

方法③　警惕前人的意见

最后，要警惕那些提出"只有吃苦才能成长""你在这都不行，在其他地方能行吗"等意见的前辈和领导。

他们固守着过时的观念，认为"工作都是很艰辛的，能让人快乐的是兴趣而非工作"，这完全是思维停滞的状态。

或者，有些人只是因为自己辛苦了很久，想找个同伴。我这可不是在开玩笑。

试想一下，如果你的领导或前辈给出如此建议后，你仍选择在这样的环境中努力工作，那么，你将来的样子就像眼前这些人一样，变得死气沉沉。等到那时，你也会强迫新一代接受相同的建议。

你要明白自己将来是否想成为和他们一样的人，是否还要听取他们的建议。

如果你能意识到"开什么玩笑，我才不想这样！"，那就马上做好离开的准备吧。

掌握逃避技能需要注意的问题

在你准备逃离这糟糕的环境时，需要注意控制好自己的情绪。

逃避并不是精神上的懦弱，我希望大家千万不要消极地看待此事。

在吉田凪的著作《为了若无其事的"逃离"》中，她强调不要把"逃离"一词视为消极的。"逃离"是一种为了去往某处并意图改变现状的行为，它是积极的。

吉口凪曾不断逃避自己不喜欢的事情。最终，她在摄影师这个行业面前停了下来。如今，她过得幸福且充实。

在图书的结尾，她还说："未来，我将会继续积极地逃避！"

这句话深深地打动着我。

技能**19** 感受幸福

——本书所有技能中最重要的一个

⚙ **技能定义** **持续获得幸福感的能力**

有一个英语单词叫作"wellbeing"，它的意思是幸福、健康、安乐、安康。这里，我想用它来代表"能让你时刻感受到幸福"的意思。

"happy"指的是感到幸福的那一瞬间，而"wellbeing"则指的是，持续感到幸福的状态。

最后介绍的这个技能，是我认为本书中最重要的技能。

👆 **需要的理由** **没有它，人类的渴望将永远得不到满足**

关键理由① 人们会因科技带来的差距而抑郁

至此，本书已经介绍了 18 个技能。然而，这第 19 个"感

199

受幸福"的重要性要远胜于其他技能。

世界卫生组织曾预测，到 2030 年，抑郁症将成为全球致死率最高的疾病。目前，因精神疾病而导致死亡的病例正日益增多。

科技发展所带来的人与人之间的差距可能会日益扩大，那些可以熟练运用技术的人将更容易致富，而无法适应技术发展的人甚至会因此失业。

一直以来，人类在发达国家的主导下，通过不懈的努力，推动着文明的发展，现代社会的生活也因此变得越来越便捷。倘若 2000 年前的人穿越到现在，定会对现在生活的便利程度感到惊讶。别说是 2000 年前了，即便是 100 年前的人来到现在，同样会感到惊讶。

那么，和这些没有见过电视、飞机、汽车，甚至连电和自来水都没有见过的古人相比，何以断言现代的我们幸福感更高呢？

在很久很久以前，有一个人走进了自己辛苦搭建的草房里，他内心充满喜悦，因为自己终于有了可以遮风挡雨的家！他或许认为，这样的生活已然是幸福的。然而现在，你在新房子的地板上放一颗玻璃珠，如果珠子滚走了，就会有人叫嚷着说："你看，玻璃珠滚走了，这地板肯定有倾斜啊！这样的房子是有缺陷的！"

在科技不断进步的未来，人们的压力将越来越大，我们更要重视身心健康的重要性。

关键理由② 笼统的学习引发了渴望

读到这里，我希望大家思考一个问题。

为什么你会选择阅读本书呢？

我想一定会有许多人说："当然是因为我想提高业务能力啊。"

那么，让我们进一步深入思考，为什么你想要提高自己的业务能力呢？

是希望得到别人的认可，还是想增加自己的收入，或者是为了找到更喜欢、更有意义的工作？

如果你到现在都没有一个明确的目标，只是一味地想努力提高自己，那么你的渴望将永远得不到满足。

"活在当下，感受幸福"，这点很重要。

如果你不能学会如何保持健康的生活状态，即便你掌握了前面介绍的所有 18 个技能，也永远无法摆脱"我必须掌握更多技能""我必须要进步、要成长""我必须赚更多的钱"的焦虑状态。

如果停止前进你就会感到不安，如果停止努力你也会感到不安。

不只是个人，连企业也要有健康经营的意识。

经厚生劳动省委托，三菱日联金融集团旗下的调研公司开展了一项调查研究。结果表明，相较于 10 年前，员工数量与销售额均呈增长趋势的企业，他们都高度重视员工及客户

的满意度。**❶**

我希望任何站在管理层的人都应该牢记此结果。

📑 **掌握方法**　　赞扬自己，结交值得信赖的朋友

每个人对幸福的定义不尽相同，所以如何保持健康生活的方式也不同。

在这里我想推荐三种方法。

方法①　设立一个"感受幸福日"

每周安排一天作为"感受幸福日"。所谓"感受幸福日"，就是在这一天，对一周辛勤付出的自己予以赞赏和肯定。

例如我，就把每周三定为"感受幸福日"。在这一天，我会关闭接待客户的窗口，留给自己独处的时间。

这和周末或节假日的休息不一样。我们在周末或节假日通常会和家人一起度过或外出游玩，但"感受幸福日"则需要独自度过这段时光。

然后，我会为自己一周的辛勤点赞。我会总结自己这一周是如何度过的，比如问问自己是否只做了自己喜欢的工作？有

---

❶ 三菱日联金融集团调查＆咨询公司（厚生劳动省委托）：《关于未来雇用政策如何实施的分析调查报告——企业雇用管理对经营的影响——平成二十八年（2016 年）3 月》

没有碰到自己讨厌的工作？又是否度过了没有遗憾的一周？

有时我会选择在家中度过，有时则会在喜欢的澡堂中边泡澡边思考，抑或是在喜欢的咖啡馆里发呆。

我会通过"能拥有这样的时间就是幸福的""要开始新工作了，好兴奋啊"，这样的心态来保持健康的生活状态。

这样的生活仪式感至关重要。因此在"感受幸福日"，我尽量不会安排其他事务。

著有《正面教科书——让你和周围的人成为幸运体质的 3 项基本和 11 项法则》一书的书法家武田双云先生说过，越来越多的人患上抑郁症的因为是他们回不去了。

这里的"回不去了"指的并不是一个物理空间，而是一个状态，它代表"只要活着就很幸福"的思维状态。

方法② 知足常乐

哈佛大学的阿瑟·布鲁克斯教授，一生都致力于研究人类的幸福，他提出了一个简单易懂的公式来表示什么是幸福。

$$\frac{已有的东西}{想要的东西} = 幸福$$

当我见到这个公式的那一刻，就被深深地震撼了。这是一个多么简单而美丽的公式啊！

公式中"东西"所代表的不仅限于物质，还包括地位、名誉、伙伴等一切事物。

它告诉我们，要想获得幸福，只有两个方法：增加分子或减少分母。

虽然增加分子这件事看似简单，但实际上是一项极具挑战性的任务。它不仅需要我们投入大量精力，更需要极大的耐心和毅力。

那么，减少分母呢，也会很难吗？答案是否定的。因为减少分母不需要做任何事情，仅靠自己的大脑就能解决。

曾与 2000 多名临终患者一起度过难忘时光的大津秀一先生，在他的著作《死之前才会意识到的人生 33 件大事》中，真实地描述了一位病人的临终遗憾。这位病人生前不断与他人攀比，不停增加自己想要的东西（分母）的数量，结果在临终前才发觉自己的很多努力都是徒劳。

有一句谚语叫"知足常乐"。

你真的需要你现在想要的东西吗？难道没有它你就不快乐了吗？自己好好想想吧。

方法③ 与值得信赖的朋友和家人在一起

身边要有值得信赖的朋友和家人，这样的人不需要太多，有几个足矣。

精神病学家罗伯特·瓦尔丁格（Robert Waldinger）先生，在 TED[1] 大会上以《幸福的本质》（*What makes a good life?*）

---

[1] 美国一家私有非营利机构，该机构以它组织的 TED 大会著称，这个会议的宗旨是：传播一切值得传播的创意。——编者注

为主题，进行了一次演讲。

在为期一年的时间里，他所在的组织对 724 名男性进行了持续的跟踪调查，分别记录了他们的工作、家庭生活和健康状况。这些男性来自各行各业，包括富人和穷人，以及接受过良好教育的人和在贫民窟长大的人。随后，他在 TED 大会上详细阐述了什么样的人更容易获得幸福。

他表示，决定幸福的因素并非在于环境、教育、地位或经济实力。那些可以感受幸福的人唯一的共同点就是，他们身边是否有挚爱的家人和可以信赖的朋友。

因此，要想保持健康的生活状态，你的身边就要拥有值得信赖的朋友和家人。

掌握感受幸福能力需要注意的问题

这里有两点需要注意。

第一，不要一味地追求多巴胺飙升的幸福感。

畅销书作家桦泽紫苑指出，幸福分为多巴胺式幸福、后叶催产素式幸福和血清素式幸福。

多巴胺式幸福是一种短暂的幸福感。例如在工作中鸿运高照、拿下新的业务合同，或中了彩票等情况下，人们往往会有这种感觉。

因此，多巴胺式幸福是一种需要动力维持的幸福感。这也是我们为提高自身能力所需要的。

但是，如果以健康生活为目标，我们就必须实现"血清素式幸福"，即"每天只要活着就会感到幸福"。

第二，不要被"应该进一步提升自己，多为社会做贡献""应该掌握更多技能，多为社会做贡献""如果你很富裕，就应该去捐款"等说法所迷惑。

那些怀揣着"要对社会做出更多贡献或帮助"信念的人，只要自己去实践就好了，为什么要把它强加于他人呢？这无疑会把别人带入困境之中。

我们没有权利要求任何人为社会做出额外的贡献！同样也不应劝诫他人如此。

对于那些正在享受健康生活的人，如果这样唆使他们，就会把他们从健康生活的状态中拉出来。

在通过工作获得收入的同时，我们已经履行了纳税义务并缴纳了各类社会保险，这已然对社会做出了积极贡献。即使是那些没有参加工作的人也是如此，通过与他人的沟通交流，就能缓解对方的孤独感；在商店购物时，也能为该店的营业额做出贡献。由此可见，只要我们身处当下，便会以不同的形式在对社会做出贡献。

所以，如果你正处于或接近健康生活的状态，请不要被这些毫无意义的言论所迷惑。

如果你真的想为社会贡献更多的力量，依然可以选择像志愿活动、捐赠等活动，做自己力所能及的事。

像我这样 "一人有限公司"、自由职业者身份的人，经常会从年长的管理者那里听到这样的话。

"友村，你要接着把公司做大，创造更多的就业机会，为地区做出更多的贡献，加油！"

这种老一辈经营者的陈旧理念，不需要强加给我。

毫不夸张地说，我通过油管网与日本全国各地不计其数的人，分享我的学习过程和经历，以及与孤独做斗争的过程中获得的启发。

我在评论区收到了许多感谢的话语，例如："多亏了这个视频，让我鼓起勇气改变现在的工作！""实施了视频中介绍的方法后，公司的销售额增加了！""看完视频后，育儿的压力真的减轻了！"

我可以自豪地对你们说，"这是我第一次在油管网上流泪，它拯救了我的心灵"，这样的评论不止一两个。

即使不扩大公司规模、创造就业机会，我也能为社会做出充分的贡献。我有这个自信！

为社会创造就业机会并不是一名经营者唯一可以做的事。当然，创造就业机会是一个伟大的社会贡献，但要做到这点需要把公司经营得越大越好。

关于如何为社会做贡献，因人而异。应该有多少人，就有多少种做贡献的方式。在这个充满多样性的社会中，贡献的形式必然是多种多样的。

　　因此，当你已经处于一个健康、幸福的生活状态时，请相信自己已经以某种形式对社会做出了贡献。

　　倘若你真诚地希望自己为社会贡献更多的力量，那么，在保持身心健康、幸福的基础上，尽自己所能去实践吧！

后　记

　　首先，十分感谢你能阅读到这里。

　　不知道现在的你有了怎样的感受。

　　无论未来科技如何发展，科技始终代替不了人类。你可能已经注意到了，比起编程等 IT 技能，书中所传授的技能更有"人类的味道"。

　　因此，我们不应该盲目地对科技产生恐惧或敌意，而是应该主动接触身边的科技，将其视为共存关系的伙伴。这样，我们对科技的那种莫名其妙的不安感才会消失。

　　重要的是，我们要避免因茫然和不安导致的盲目追求各类资格证书，也不要被当下流行的成人教育或各种短期职业技能培训班所迷惑。尽管在这些方面你可能投入了大量时间和金钱，但结果通常是不尽如人意的，因为你所掌握的所有技能都有可能被科技替代。

　　也就是说，最可怕的是因不了解科技而产生的不安感。当我们可以接受科技的优越性，并认真思考与其和谐共存的道路时，方能看清我们的目标与前进方向。

　　在本书的开头，我曾提到过，不要试图一下就掌握所有技能。应该从你最重视的一个技能，或当前能做到的一个技能开始，通过不断的学习和实践，逐步去掌握它。

请务必努力掌握本书中介绍的 5 种以上的技能。这样，在 2030 年之后你将继续作为职场人幸存下来，并有望继续成长。

"原来如此，我这就行动起来！"

但请先等一下。

在这里，我希望你能尽快发挥本书所介绍过的第 13 个技能"批判性思维"。

请用批判性思维再次思考此事。

请冷静下来好好思考一番。本书所讲的 19 个技能，是否真的适合你个人发展呢？

我十分坚信这些技能，在 2030 年以后的未来依然具有实用价值，并能为广大读者提供有益的帮助！正是基于这样的信念，我才着手创作了本书。

从现在开始，请认真思考本书所提到的各项技能。请确定它们必要性和有效性的依据是否令人信服？同时，或许有更为重要而我未曾提及的技能存在，愿你能够自行探索。

如果你能完全理解这些技能的含义，请毫不犹豫地去付诸实践！在此，我希望大家最终都能掌握本书提到的最为重要的技能：感受幸福。

拥有宇宙规模的视角

在这里，我想简单介绍一下我的公司。

我公司的名字叫作"水蚤有限公司"。这是一个很奇怪的公司名称。而我想要说的，是这个名字的来历。

　　有一次，我因工作上的事情一直烦恼，于是我向我的妹妹诉说了我的遭遇。然而，她并未给予我同情和鼓励，反而表达了以下观点。

　　"哥哥居然还在为这种无聊的事情烦恼？你的眼界就像水蚤这样的生物一样小，真是和以前一样！没有一点进步！"

　　现在回想起来，她好像确实说得很过分。

　　但是对知道地球日历❶的我来说，这些话听起来就像是夸奖。

　　你知道地球日历吗？

　　该日历将地球的历史对应到一整年当中，地球的诞生日就是1月1日，而最后一天则是12月31日。

　　有一个网站叫作"21世纪的走势大研究"，根据这个网站说的，第一个原始生命诞生于2月25日，恐龙诞生于12月13日，灭绝于12月26日。真是让人感到意外和难过，即便是恐龙，也仅仅只有13天的生命而已。

　　而我们人类，则诞生于12月31日中午的11点37分。

　　在地球日历上，我们人的一生只有0.5秒，只是短短的一瞬间而已。

　　现在有何感受？

　　我曾在"逃避的重要性"一节中提到过，你我都并非什

---

❶　"地球日历"为注册商标。

么不可或缺的人，也没有在做什么了不起的工作。

假如从宇宙规模的视角来看，我觉得人类和水蚤的寿命并没有什么差别。

从地球的历史和宇宙的历史来看，我们人类不过是转瞬即逝的火花。

这样一想，若自己还是每天郁郁寡欢，为烦恼所困，岂不是在浪费时间、浪费人生？

由于人类的生命也如水蚤般短暂，所以我们无须过分在意他人的眼光，要勇敢追求自己的道路，过上自己理想的生活！我始终怀揣着这样的信念。这就是我公司名字的灵感来源。

时而来个心灵放松

最后，我想通过介绍一本书来结束我的后记。

这本书就是人工智能研究员兼脑科学专家的黑川伊保子所著的《积极地生活实在蠢：以脑科学来舒缓你僵硬的心》。

我喜欢对感兴趣的书籍进行多次反复阅读，而这本书是我反复阅读次数最多的一本。

我简要概括一下书中所述的内容：客观地审视奋发图强、不断努力的自己，询问自己为何要刻意伪装成一名"高意识系"的人。

在"感受幸福"这一节中，我说过要设置一个"感受幸福日"，在这一天要夸奖不断辛勤付出的自己！

黑川女士在书中提到，这个时候还要有另外一个你在心里告诉自己："你这么努力，真的很了不起！但请听我说一句，你这么努力到底为了什么？为何不专注于眼前的幸福呢？"

我认为这种俯视自己的状态，才是真正幸福的状态。这样做，你的心灵也会变得轻松起来。

这本书改变了我的人生，我衷心地向大家推荐它。

当你沉浸于本书，为掌握技能不断努力而日感疲惫的时候，我希望你可以稍微停下脚步，给予自己一些赞扬。然后，试着抛开书本上的一切，询问自己：我为什么要如此苛求自己？

这样一来，你的疲惫感便会迅速缓解，身心都将再次精力充沛。

在身体感到劳累的时候，可以去做个按摩使其重新焕发活力。在学习本书的技能时，如果让你在精神上感到了疲惫，要记得鼓励自己，不要太过较真，一定要放松心态。

在"感受幸福"这一节中介绍过的阿瑟·布鲁克斯教授说过，幸福的三要素是：快乐、满足和目的。它们就像人类的三大必需营养素，碳水化合物、蛋白质、脂类一样必不可少。

我想提醒大家，在掌握这些未来技能而奋发努力时，请勿让自己陷入过度较真的状态，以免对自己的心理健康产生不良影响。

这是我的最后忠告。

让我们一起去创造一个光明的未来吧！